AF613524

PROCÈS

DU JOURNAL

LE SIÈCLE.

PARIS,

IMPRIMERIE DE L. B. THOMASSIN ET COMPAGNIE,

Rue des Bons-Enfants, 34.

1837.

PROCÈS

DU JOURNAL

LE SIÈCLE.

COUR D'ASSISES DE LA SEINE.

PRÉSIDENCE DE M. VERGÈS.

Audience du 10 février 1837.

L'enceinte du tribunal, l'espace réservé aux avocats et les places de faveur sont occupés long-temps avant l'ouverture de l'audience.

A dix heures MM. les jurés et les juges entrent dans la salle, et l'audience est ouverte.

M. Plougoulm prend place au fauteuil du ministère public.

M. Odilon Barrot, avocat du *Siècle*, assiste M. Dutacq, gérant responsable.

M. H. Guillemot, rédacteur en chef du journal, s'assied à la gauche de M. O. Barrot.

L'HUISSIER *appelant*. Le ministère public contre M. Dutacq.

M. LE PRÉSIDENT. L'accusé est-il présent?

M. DUTACQ. Oui, M. le président.

M. LE PRÉSIDENT. Vos nom et prénoms, âge et profession?

M. DUTACQ répond à ces questions de M. le président.

Le greffier donne lecture de l'article incriminé. Il est ainsi conçu :

« Dans un pays où le gouvernement représentatif aurait conservé toute sa sincérité, il suffirait à l'opposition de prouver que la politique suivie par le ministère est ou illégale, ou désastreuse pour obtenir la majorité ; et une fois cet avantage obtenu, elle arriverait au ministère. Aujourd'hui l'opposition en France est en mesure de prouver qu'à Paris mis en état de siége, comme à Blaye et à Strasbourg, la constitution a été violée ; qu'une politique qui aboutit à la perte de nos alliances au dehors, à des révoltes ou à des tentatives de régicide au dedans, qu'une politique qui nous fait échouer à Vienne, à Madrid et à Naples, et reculer deux fois en Afrique, est une politique désastreuse ; et pourtant la majorité reste au ministère ; et quand l'opposition pourrait la lui enlever, elle n'en saurait que faire. La majorité dans la chambre des députés a cessé d'être une force, aussi bien que la pairie et le ministère lui-même.

« La constitution avait prétendu assigner des limites à tous les pouvoirs qu'elle instituait ; elle avait comme tracé autour d'eux un cercle où leur action devait se renfermer, et toute précaution semblait avoir été prise pour qu'en cela comme en tout le reste sa volonté fût faite. Mais soit qu'elle eût été imprévoyante sur un point ou méprisée sur tous, il est visible que l'un des pouvoirs qu'elle voulait contenir s'est échappé de la sphère constitutionnelle par la tangente diplomatique. Libre aujourd'hui dans ses mouvements par suite de la position excentrique qu'on lui a laissé prendre, et irresponsable d'ailleurs par sa nature, il est tout simple qu'il ait attiré à lui tous les autres pouvoirs, et qu'il les force de se mouvoir dans son orbite. Qu'en est-il résulté? c'est qu'il s'est désigné par là aux coups des factieux et des assassins, tandis qu'il fût resté hors de leurs atteintes s'il n'eût pas quitté la sphère élevée où l'avait placé la constitution; c'est que les ministres, véritables auteurs des fautes politiques qu'ils ont conseillées, échappent à la responsabilité qui devrait les frapper; c'est qu'on a cessé de voir un remède à la situation de la France dans la chute d'un ministère; c'est que le gouvernement représentatif n'est plus qu'une *représentation du gouvernement.*

« Or, nous le demandons à tous les hommes de bonne foi, que pourrait l'opposition, devenue majorité, en face du pouvoir dont nous venons de parler, et qui lui est si évidemment hostile? Aurait-elle, à six ans de distance de la révolution, une force qui a manqué à Lafayette et au ministère Laffitte? Peut-elle compter, pour abroger les lois de septembre, sur la volonté qui les a demandées, sur la majorité qui les a votées, sur le tiers-parti qui les a maintenues? Que seraient pour elle une pairie subventionnée et toujours recrutée dans un intérêt ministériel ou dynastique; une chambre des députés, composée en grande partie de fonctionnaires ou d'hommes compromis par des votes anti-nationaux? Trouverait-elle des auxiliaires dans la magistrature, si on juge celle-ci par la cour de Colmar? dans l'administration, peuplée de créatures du parti doctrinaire?

« Qu'attend-on en sa faveur, si ce n'est des lois dont on se moque, des intentions qu'on calomnie et des talents qu'on redoute? N'est-il pas évident que tout lui serait obstacle, péril et souffrance? N'est-il pas vrai qu'elle aurait à la fois les embarras de la position du ministère actuel et les embarras de la sienne ; qu'elle ne pourrait ni se passer de l'alliance du tiers-parti, ni lui en payer le prix ; qu'elle aurait à ménager la couronne, et pourtant à la contenir ? N'est-il pas vrai enfin que, harcelée de toutes parts, elle serait condamnée à l'inaction, et que le pays, trouvant dans cette inaction un signe d'impuissance, retirerait sa confiance au seul parti qui puisse le sauver ?

« Non, l'heure de l'opposition n'est point venue : dans l'état actuel des choses, après tant de fautes et au milieu de tant de difficultés, il faut, pour ramener le gouvernement à l'esprit de son institution, une puissance qui manque à l'opposition ; elle ne pourrait aujourd'hui accepter utilement la direction des affaires ; il faut qu'elle arrive au pouvoir avec la France entière pour arrière-garde ; il faut qu'elle se sente imposée comme une invincible et indomptable nécessité, et que, par le déploiement de sa puissance, elle ôte à ses adversaires jusqu'à la pensée des résistances.

« Qui donnera à l'opposition la puissance dont elle a besoin ? Ce sera ou l'un de ces événements que la marche actuelle des choses rend inévitables, un de ces événemens si communs dans l'histoire depuis 50 ans, qui dessillent les yeux des peuples, qui domptent les volontés les plus hautes ; ou bien ce sera la transformation plus lente, mais non moins assurée des volontés électorales, opérée par le seul progrès de la raison publique, et c'est à ce dernier résultat que doit tendre la politique de l'opposition, laquelle a besoin, pour y arriver, de formuler ses principes, de se tracer un plan de conduite et de se donner des chefs.

« Quant aux principes, l'opposition doit réclamer l'abrogation des lois de septembre, l'extension du droit électoral d'après le principe de la capacité, l'agrandissement du rayon territorial des colléges, une responsabilité sérieuse des agents du pouvoir, une répartition plus équitable et plus rationnelle des attributions administratives entre le pouvoir central et les conseils élus pour faire les affaires des communes et des départements. Voilà quels doivent être les objets de ses continuelles réclamations. Voilà ce qu'en toute rencontre elle doit signaler comme juste, comme politique et comme une dette du gouvernement envers le pays ; et il lui importe de ne laisser sur de tels vœux aucune espèce de vague, si elle ne veut donner prise, d'une part, aux accusations de radicalisme, et, d'une autre part, aux reproches d'apostasie qui la perdraient également dans l'esprit du pays. Sans doute elle a peu d'espoir de faire accueillir ses demandes par les chambres et par le ministère; mais, en les présentant avec cette force que donne la confiance dans une cause juste, elle hâtera les progrès de la raison publique qui doivent amener son triomphe.

« Quant à son plan de conduite, elle peut dès aujourd'hui même, si elle est habile, se faire payer en concessions libérales l'appui qu'on sera forcé de lui demander. La position critique de ses adversaires lui donne sur eux des avantages dont elle peut tirer parti ; divisés, accusés par les événements et à bout de ruses, c'est le moment de les attaquer.

« L'opposition doit laisser à sa parole toute son énergie; elle doit compter toutes les bévues, toutes les lâchetés, tous les désastres; elle doit demander compte des affronts recueillis en Allemagne, des embûches tendues à Lisbonne, des intrigues nouées en Espagne, et de l'humiliation de nos armes en Afrique ; elle doit, aux oreilles de ces hommes qui ont partout échoué, de ces hommes qui n'ont su garantir ni l'indépendance nationale, ni la paix publique, ni l'honneur de nos armes, crier le mot gaulois : Malheur aux vaincus !

« Mais pour donner à ses attaques quelque chance de succès, l'opposition doit avoir un plan de campagne, une organisation et de la discipline; elle doit assigner à chacun son poste, assurer l'ensemble de tous les efforts, et soumettre aux exigences du bien général tous les amours-propres individuels ; il lui faut un chef qui ait, comme son représentant, une autorité qui ajoute à l'effet de ses discours, et qui soit enfin un symbole, un point de ralliement pour ceux dont les opinions politiques sont des noms propres. Il faut aussi à l'opposition, pour l'examen des affaires de chaque département, des hommes spéciaux qui les étudient à fond. Il y a pour elle un grand avantage à placer aujourd'hui M. Barrot en face de M. Guizot, MM. Bignon et Mauguin en face de M. Molé, MM. Nicod et Dupin en face de M. Persil, MM. Laffitte et Mosbourg en face de M. Duchatel, etc.; car en mettant ainsi en présence les hommes de juillet et les hommes du ministère actuel, on fait voir au pays quel chemin a fait le gouvernement et quel chemin il nous a fait faire ; on explique comment, d'une révolution qui avait centuplé les forces militaires de la France, on est arrivé aux désastres de Constantine; comment, des promesses d'un gouvernement à bon marché, on est arrivé au vote d'un budget en déficit ; comment de la charte-vérité, on est arrivé aux illégalités de Blaye et de Strasbourg; comment enfin, d'un jour de liberté pour le pays, de gloire pour le prince et de bonheur pour tous, on est arrivé aux lois d'intimidation, aux périls du trône et à la consternation publique. »

M. LE PRÉSIDENT. Accusé, vous venez d'entendre la précédente lecture. Vous êtes prévenu d'avoir fait remonter au roi la responsabilité des actes du gouvernement.

M. DUTACQ. Je le sais.

M. LE PRÉSIDENT. Vous allez entendre M. l'avocat du roi.

M. PLOUGOULM. Messieurs, la discussion des actes du gouvernement est libre, parfaitement libre; en cela consiste l'exercice de la liberté de la presse. Vous voyez jusqu'à quel point, chaque jour, la presse use et même abuse de ce droit. Ainsi, qu'on montre les vices des actes du gouvernement, qu'on en démontre les dangers, qu'on conteste un système et qu'on prépare un autre, tout cela est bien, tout cela est juste, tout cela est une des conséquences de la liberté de la presse consacrée par la charte; et c'est là un des avantages de la constitution, de faire jaillir des discussions contradictoires les lumières propres à éclairer le pays. Mais, messieurs, ce qu'on ne doit jamais faire, c'est de mettre en question l'autorité du roi; sa personne est inviolable et sacrée, c'est là un des principes sur lesquels repose le gouvernement que nous avons fondé; c'est une des dispositions de la charte, et comme corollaire de cette disposition est intervenue une loi que tout à l'heure je vous ferai connaître. Si vous concédiez qu'on pût laisser remonter jusqu'à la personne du roi la responsabilité des actes de son gouvernement, même sous les formes les moins acerbes, le pouvoir royal serait bientôt miné dans ses fondements. Jamais, messieurs, la critique ne peut aller jusqu'à la personne du roi. Entre le peuple et le roi il y a toujours un ministre responsable.

C'est là violation de ces principes inscrits dans la charte, inscrits dans les lois, inscrits dans toutes les consciences, qui a amené le prévenu devant vous. Vous verrez, en effet, dans l'article dont tout à l'heure je vais vous donner lecture, que, non seulement il fait remonter au roi la responsabilité des actes de son gouvernement; il va plus loin, il accuse le roi d'une véritable usurpation. Il représente le roi comme le seul pouvoir de l'état; il le montre, il le signale comme ayant absorbé, engourdi, anéanti tous les autres; c'est une usurpation générale: le roi est un tyran.

Or, la charte a dit: « La personne du roi est inviolable, les ministres seuls sont responsables. » Vous comprenez, messieurs, toute la sagesse et toute l'étendue de ce principe. Il n'établit pas seulement que la personne du roi ne peut être l'objet d'aucune attaque violente, mais il défend que jamais sa personne *sacrée* soit mise en jeu, que jamais on discute un acte qui se rattacherait à cette personne *sacrée*.

En France, messieurs, un pouvoir, si haut placé soit-il, discuté aujourd'hui, serait en péril demain et bientôt détruit. Ce principe, énoncé dans la charte, est d'une utilité assez *sacrée*, assez incontestable, pour que l'absolution soit impossible envers celui qui l'a méconnu. Jusqu'à quel degré de culpabilité le délit que nous poursuivons est-il constaté dans l'article du journal *le Siècle*? nous allons vous mettre à même d'en juger par la lecture du numéro saisi.

(Ici M. l'avocat du roi donne lecture de l'article entier.)

Messieurs, continue M. l'avocat du roi, nous n'avons pas à nous occuper ici des vœux ni des espérances de l'opposition. C'est là une exposition toute politique ; ce n'est pas notre affaire. Mais, nous vous en conjurons, messieurs les jurés, retenez ce point unique du procès : l'article fait-il remonter jusqu'au roi les actes du gouvernement? Oui, le texte et l'esprit de l'article constituent ce délit prévu par la loi ; le délit nous semble établi d'une manière non équivoque, et appelle une répression indispensable. Le délit, pensez-y bien, a été grossi au-delà même des prévisions de la loi. Le pouvoir royal est représenté comme si absorbant, si dominateur, que l'opposition, dont la force et la virtualité sont si grandes, du moins dans les intentions, arrivât-elle au pouvoir, serait obligée de plier devant la royauté.

Je ne commente pas ; j'affaiblis : je me bornerai à appeler votre attention sur les deux premiers paragraphes. Voyez ce qu'on y dit : L'opposition, après avoir développé toutes les illégalités, pourrait acquérir la majorité ; cependant elle ne le peut pas, dit l'article, pourquoi ? c'est qu'elle ne saurait qu'en faire ; voilà les allégations du journaliste ; maintenant, voici son appréciation :

« La constitution avait prétendu assigner des limites à tous les pouvoirs qu'elle constituait ; elle avait tracé comme autour d'eux un cercle où leur action devait se renfermer, et toute précaution semblait avoir été prise pour qu'en cela comme en tout le reste sa volonté fût faite. Mais soit qu'elle eût été imprévoyante sur un point ou méprisée sur tous, il est visible que l'un des pouvoirs qu'elle voulait contenir s'est échappé de la sphère constitutionnelle par la tangente diplomatique. Libre aujourd'hui dans ses mouvements par suite de la position excentrique qu'on lui a laissé prendre, et irresponsable par sa nature, il est tout simple qu'il ait attiré à lui tous les autres pouvoirs, et qu'il les force de se mouvoir dans son orbite. Qu'en est-il résulté? C'est qu'il s'est désigné par là aux coups des factieux et des assassins, tandis qu'il fût resté hors de leurs atteintes s'il n'eût pas quitté la sphère élevée où l'avait placé la constitution ; c'est que les ministres, véritables auteurs des fautes politiques qu'ils ont conseillées, échappent à la responsabilité qui devait les frapper, c'est qu'on a cessé de voir un remède à la situation de la France dans la chute d'un ministère ; c'est que le gouvernement représentatif n'est plus qu'une représentation du gouvernement. »

Maintenant, messieurs, ne sentez-vous pas toute la vérité de ce que je vous disais tout à l'heure ? le roi n'est-il pas un usurpateur, absorbant en lui tous les autres pouvoirs, les entraînant dans son orbite!

N'est-il pas évident, messieurs, que non seulement le délit ordinaire existe en faisant remonter au roi la responsabilité des actes de son gouvernement, mais que ce délit est dépassé ? Nous n'insisterons pas davantage, messieurs, car nous ne pouvons insister sur l'évidence même. J'attendrai maintenant les objections de mon honorable adversaire.

M. Odilon Barrot se lève, et au milieu d'un silence vraiment solennel s'exprime ainsi :

Messieurs de la cour et du jury, c'est en effet une question bien importante que celle sur laquelle vous êtes appelés à porter le jugement du pays; elle préoccupe tous les esprits sérieux, tous les amis sincères de notre monarchie constitutionnelle. Cette question fondamentale est non seulement comme l'ordre du jour permanent de toute polémique raisonnable et consciencieuse, mais on la voit se reproduire avec une nouvelle vivacité à toutes les époques de crise ou de danger pour notre pays.

Lorsque la France a eu à déplorer l'atroce tentative qui naguère a menacé les jours du roi, la question devait être et a été en effet de nouveau posée : on a voulu savoir si la coopération directe, personnelle du roi dans tous les actes de son gouvernement, si la personnification, avouée, patente, dans une auguste volonté, d'un système et d'une politique livrés à toutes les passions des partis, ne constituait pas un immense danger, et ne compromettait pas le présent et l'avenir.

Quand on a vu se renouveler à des époques successives, et qui semblaient se rapprocher fatalement, les attentats contre la personne du roi, on s'est demandé de toutes parts comment il se faisait que, lorsque nos fictions constitutionnelles plaçaient le roi en dehors de la chaleur du combat et de la violence des partis, ces partis s'opiniâtraient à s'attaquer non aux ministres, non aux chambres, mais à la personne même du roi.

La discussion fut donc ouverte; les organes du ministère en prirent même l'initiative. Eux aussi, abordant cette cruelle et désespérante énigme, se demandèrent comment il se faisait qu'en présence des échafauds encore fumants le fanatisme redoublât ses coups? Certes personne ne s'attendait à voir les ministres en faire remonter le principe et la responsabilité à leurs propres fautes, à la situation qu'ils avaient faite au pouvoir royal. — C'eût été de leur part une trop vertueuse abnégation.

Mais enfin ils avaient ouvert la lice, leurs adversaires les y ont suivis; ils ont dit : Oui, les attentats qui se renouvellent sont horribles; ce sont des lâchetés qui compromettent l'honneur et la sécurité du pays; tous les honnêtes gens doivent s'accorder pour chercher un remède à cette déplorable folie. Le gouvernement est déjà armé de toutes les lois d'exception demandées; on ne lui a rien refusé de ce qu'il a exigé au nom de l'ordre et de la conservation personnelle du roi; mais voilà qu'il proclame lui-même que toutes ces lois, toutes ces mesures sont impuissantes dans ses mains.

Où est donc la cause et le remède au mal que nous déplorons tous?

La cause de ce mal, mais le fanatisme lui-même ne l'a-t-il pas signalée, lorsque dans son horrible logique il a dit, pour expliquer et non pour excuser son crime : « Je frappe « le roi parce qu'en lui se personnifie la politique qui « m'est odieuse. » (Paroles d'Alibaud à la chambre des pairs.)

Un magistrat, M. Martin (du Nord), aujourd'hui ministre, alors procureur général près la cour des pairs, n'a-t-il pas reproduit la même pensée lorsqu'en tête de son réquisitoire il plaçait ces paroles textuelles : « La « haute sagesse du roi, qui a maintenu dans le pays la « paix et la sécurité, *appelait naturellement sur lui le poi-* « *gnard des assassins.* »

C'est là qu'est la cause du danger, se sont simultanément écriés tous les journaux dévoués à notre dynastie de juillet, mais qui veulent la défendre autrement que par de lâches et funestes adulations ; c'est là qu'est le principe du mal, ne le cherchez pas ailleurs ; le fanatisme le proclame, la justice le reconnaît !

Le mal est dans l'intervention directe, avouée du roi au milieu de nos discussions irritantes, de nos débats passionnés. A ceux qui permettent cette intervention, à ceux-là seuls la responsabilité de ce qui en est advenu et en adviendra !

C'était là de la discussion, et de la discussion d'autant plus légitime, que la presse ministérielle avait sur ce sujet en quelque sorte provoqué la presse opposante. Cependant le ministère, parmi les journaux qui ont pris part à cette polémique, et ils sont nombreux, en a choisi trois pour les accuser devant le jury, le *Courrier français*, *le Temps* et *le Siècle*.

Le *Courrier français* avait déclaré que par suite de l'absorption de tous les pouvoirs dans le pouvoir royal, la sûreté personnelle du roi se trouvait compromise, et il accusait énergiquement les ministres, dans deux articles, d'avoir créé une pareille situation. Ces articles incriminés le jury les a reconnus parfaitement innocents.

Je conçois l'embarras de M. l'avocat général : quel que soit son talent, auquel je rends hommage, il ne pouvait aujourd'hui que se répéter et reproduire les mêmes arguments, et, qu'il me permette de le dire, exploiter la même équivoque qu'il avait déjà vainement fait valoir dans la cause du *Courrier* ; cette équivoque consiste à confondre habilement le jugement porté sur la situation respective des pouvoirs de l'état avec une attaque contre le roi, un avertissement consciencieux avec un outrage.

Je sais, messieurs, qu'il n'y a point de jurisprudence pour le jury ; vous êtes indépendants de tous précédents émanés d'un autre jury, vous le seriez de vos propres décisions ; mais cependant je puis invoquer, ne fût-ce que comme une autorité de raison et de bon sens, le jugement déjà porté par douze de nos concitoyens sur une poursuite tellement semblable avec la poursuite actuelle, que le ministère public en demandait la *jonction* à raison de leur *connexité*.

C'est en effet la même thèse qui a été traitée par les deux journaux, quoique sous deux points de vue différents : l'un, c'est le *Courrier*, se préoccupait surtout des dangers que faisait courir à la sûreté personnelle du roi l'intervention royale dans la politique du jour ; l'autre, et c'est *le Siècle*, s'est proposé surtout de faire ressortir quelles difficultés, et par suite quelles obligations une pareille situation impose à l'opposition constitutionnelle dans les chambres.

C'est cette dernière appréciation du *Siècle*, tout aussi légitime que celle du *Courrier*, tout aussi vraie, car on ne saurait contester qu'en plaçant l'opposition en présence non d'un système ministériel, par conséquent changeant et variable, mais en présence d'une politique immuable, personnifiée dans le roi lui-même, on a fait à cette opposition la situation la plus difficile, on lui a imposé les nécessités les plus exorbitantes ; c'est cette appréciation, développée dans les formes les plus graves et les plus sérieuses, qui vous est déférée. De tout l'article, qui est assez long, la prévention n'incrimine qu'un seul paragraphe, dans lequel, à grand renfort de commentaires et d'argumentations, on prétend trouver le délit, qui *consisterait à faire remonter au roi le blâme ou la responsabilité des actes de son gouvernement.* Il me sera facile d'établir que non seulement le journal *le Siècle* n'a pas commis le délit qu'on lui reproche, mais qu'il n'a fait que mettre en relief une grande vérité politique, que l'homme le plus consciencieux, le plus dévoué au roi et au pays, n'hésiterait pas à proclamer sous sa responsabilité, en toute circonstance, soit dans les chambres, soit en face de ses concitoyens.

En effet, messieurs, vous ne vivez pas tellement étrangers au mouvement des affaires politiques et à la situation des pouvoirs de l'état que vous ne vous rendiez compte d'un grand fait qui ne saurait plus être contesté, car pour en rendre témoignage s'élèveraient les actes les plus solennels et les autorités les plus imposantes. Ce fait, que nous ne créons pas, mais que nous constatons, c'est la coopération directe, personnelle du roi dans les actes même les plus secondaires du gouvernement, et par conséquent bien en dehors de ce souverain patronage, de ce haut arbitrage dans lequel la constitution, sinon textuellement, au moins dans son esprit, semblait le renfermer.

Cette coopération du roi est-elle contestée, pourrait-elle

l'être? Si elle l'était, je ne serais qu'embarrassé du choix au milieu des preuves qui surabondent. Je pourrais notamment citer cette lettre célèbre d'un homme d'état qui, faisant ses adieux à la diplomatie européenne, a déclaré *que dans toute sa conduite depuis* 1830 *il n'avait eu d'autre mérite que de deviner la pensée royale.* Dans cette lettre pas un mot des chambres, des ministres, du pays; tout est concentré par M. de Talleyrand, et il s'y connaît, dans la pensée intime du roi.

Assurément, une telle lettre était un anachronisme; elle aurait aussi bien convenu à M. de Louvois, écrivant au roi Louis XIV, qu'au représentant d'un peuple libre, remettant sa démission entre les mains d'un roi constitutionnel. (Mouvement.)

Vous parlerai-je des déclarations géminées faites par M. Persil, le garde des sceaux actuel, de ses démentis éclatants à cette maxime que nous regardions depuis 1830 comme nous étant désormais acquise, puisqu'elle avait reçu la sanction terrible d'une grande révolution? Vous parlerai-je de ces brochures de M. de Rœderer, de M. Capefigue, et qui font une sensation d'autant plus vive dans le public qu'on les suppose inspirées d'en haut; brochures dans lesquelles on prétend nous prouver que le roi doit tout diriger, que l'état serait perdu s'il se départait de cette intervention personnelle dans les actes de son gouvernement, que notre prétention de le renfermer dans un arbitrage inactif est vaine et puérile, et qu'enfin tout ce qui arrive d'heureux dans le pays est dû à cette *aptitude militante* qui distingue l'esprit du roi?

Il y a plus, nous avons des actes spéciaux à signaler, et sans remonter plus haut, il en est un qui s'offre tout d'abord à l'esprit; c'est un de ceux qui ont compromis au plus haut degré le gouvernement, provoqué avec le plus de raison dans les chambres et dans le pays une improbation solennelle. Vous avez deviné, messieurs, que cet acte est celui par lequel on a envoyé de Paris à Strasbourg un agent avec des ordres occultes pour *soustraire*, et c'est bien le mot, un accusé principal, non seulement à ses juges, mais aussi à ses co-accusés qui revendiquaient sa présence dans l'intérêt de leur défense; acte violateur de toutes les lois, dont les conséquences fatales pour la discipline de notre armée sont venues encore aggraver la responsabilité.

Et comment cet acte a-t-il été annoncé au pays ? Comme une détermination prise par suite des ordres du roi : ce n'est pas tel ou tel ministre qui a agi..... c'est le roi !.... (Agitation.) En effet, et pour rendre la chose bien officielle, pour que personne n'en puisse douter, le *Moniteur* reproduit dans ses colonnes un article dans lequel il est formellement énoncé que *l'acte, émané d'une volonté auguste, est au-dessus de tout contrôle* : et c'est le journal officiel, le journal qui est tous les soirs soumis à l'approbation, au visa d'un ministre, c'est un tel journal qui fait remonter à la volonté du roi la responsabilité d'un acte si grave, si compromettant ! Et ce n'est pas le rédacteur de ce journal, ce n'est pas le ministre qui a ordonné ou permis l'insertion, qui seront poursuivis, c'est nous, nous qui avons poussé le cri d'alarme, nous qui avons signalé le danger de cette solidarité patente entre la volonté royale et les actes de la politique ministérielle : c'est nous qui sommes dénoncés à la justice du pays ! (Sensation.)

Mais ce n'est pas seulement avec les actes des ministres qu'on a l'imprudence d'identifier le roi, c'est avec les personnes elles-mêmes.

Vous connaissez le journal *la Paix*, vous savez le sens de sa polémique ; il se vante d'obéir aux inspirations du ministère, il se pose son défenseur en quelque sorte officiel : eh bien ! *la Paix* s'exprime ainsi dans un de ses articles :

« La puissante raison du plus éclairé, du plus expéri-« menté des rois couvre cet homme (M. Guizot) de sa « sanction auguste.... Aucun pouvoir ne s'est *identifié « d'une manière plus intime* (que le pouvoir dont M. Guizot « est l'expression) *avec la pensée intime du roi.* »

Or, messieurs, que trouvez-vous de plus insensé, de plus coupable, non seulement d'associer le roi aux actes d'une politique essentiellement variable, qui change et se transforme chaque jour au gré des événements, mais aussi de l'identifier, de le personnifier, pour ainsi dire, dans tel ou tel ministre soumis à toutes les accusations, à tous les stigmates et de l'opposition, et de l'opinion publique !

Ce n'est pas nous, opposition, qui nous donnerons le cruel plaisir de porter au ministre des coups qui peuvent réfléchir sur le roi : c'est le ministre lui-même, qui dans un intérêt égoïste de conservation se met à couvert derrière le roi, et s'en fait une égide.

M. Guizot, parlant au nom de l'Université, disait au roi : Sire, vous êtes le *bouclier* de la monarchie, c'est-à-dire tout naturellement le bouclier du ministère. Mais y songe-t-on? un bouclier c'est ce qui est interposé, ce qui reçoit les coups. Mais non : tel n'est pas le rôle assigné à notre roi constitutionnel ; il ne couvre ni les personnes, ni les systèmes ; il ne doit pas recevoir les coups qui leur sont destinés ; il n'est pas parmi les combattants : aucun coup ne peut ni ne doit jamais s'égarer jusqu'à lui. (Sensation.)

Et cependant, le jour même où le jury par l'acquittement du *Courrier* donnait au pouvoir un avertissement si solennel, nous trouvions dans un journal, à qui je rendrai du moins cette justice qu'il inspire plutôt le ministère qu'il n'est inspiré par lui (le *Journal des Débats*), cette solidarité intime entre le roi et non seulement les actes, mais les personnes du ministère; nous la trouvions posée en axiome, érigée en dogme politique. « S'il y a une poli« tique qui varie, disait ce journal, et change en suivant « les flots capricieux des événements et de l'opinion, *il y « a une politique immuable. Le roi est le représentant de « cette politique supérieure et immuable*, elle parle par « sa bouche, elle éclaire, elle dirige le pays. » Et le lendemain le *Moniteur* reproduisait encore dans ses colonnes cet étrange thème, comme pour attester que c'est bien là la doctrine officielle permanente de notre gouvernement.

Je n'aime pas, messieurs, ces mots de *politique immuable*; ils réveillent en moi de lugubres souvenirs. Charles X parlait aussi de sa *politique immuable*, dans cette proclamation par laquelle il appelait les électeurs à son aide dans le combat si imprudent engagé entre lui et les 221. Lui aussi il disait : Ma résolution *est immuable ;* ceux qui dévieraient de la ligne que j'ai tracée, qui combattraient les hommes que j'ai choisis, seraient mes ennemis personnels. — Il établissait ainsi la lutte non entre l'opposition et le ministère, mais entre la couronne et l'opposition. Le combat ainsi engagé, le roi ne pouvait, comme le disaient les courtisans d'alors, rendre son épée; il fallait vaincre à tout prix: tirer l'épée, monter à cheval, convenait mieux au fils de S. Louis que ces humbles traditions du gouvernement représentatif. De là les coups d'état, les violences. Vous savez le reste, c'est de l'histoire. Le peuple a vaincu. Une couronne brisée, une dynastie déchue, exilée, ce sont là de grands enseignements !

Ne parlons donc plus de *politique immuable!* Dans nos gouvernements constitutionnels il n'y a d'immuable que la couronne et les pouvoirs constitutionnels : pour tout ce qui est direction, politique, système de gouvernement, il y a mobilité, changements perpétuels, et c'est là l'immense avantage du gouvernement représentatif de concilier deux choses également essentielles, la *stabilité et le progrès* : la stabilité est dans les éléments constitutifs du gouvernement; partout ailleurs est le progrès, et par conséquent le changement possible. La prétention la plus funeste à notre gouvernement, c'est de créer une politique immuable, des combinaisons, soit de système, soit de personnes immuables, et cela sous le feu de la polémique la plus vive et la plus passionnée. Le despotisme peut avoir une politique immuable, parce qu'il ne permet pas l'examen et la discussion : un roi constitutionnel ne peut avoir ni volonté ni politique immuables, parce qu'il ne peut empêcher la discussion, et que toute volonté qui est en compromis avec une discussion sera tôt ou tard vaincue, brisée, si elle ne se modifie : telle est la loi de l'humanité.

Ces vérités, messieurs, sont toute la cause; et c'était un besoin pour moi de les exposer, car si vous partagez nos convictions à cet égard, comment condamneriez-vous des écrivains qui n'ont fait que les développer consciencieusement, qui ont signalé avec loyauté et courage le danger que fait courir au pays l'identification du roi avec les actes et avec les personnes de son ministère, danger dont tous les amis de la monarchie constitutionnelle ont la conscience?

Toutefois, je ne m'arrêterai pas à ces généralités, je descendrai avec le ministère public dans l'examen détaillé de l'article incriminé, et je prouverai que cet article est irréprochable même dans les quelques propositions qu'on en a extraites pour les accuser.

Cet article dit que le pouvoir royal a absorbé tous les autres pouvoirs; que, de cette position qu'on lui a laissé prendre, il force ces pouvoirs à se mouvoir dans son orbite; qu'il est ainsi sorti de sa sphère constitutionnelle, et que c'est surtout dans les affaires diplomatiques que se fait remarquer cette absorption ; qu'un tel état de choses est la représentation du gouvernement, et non le gouvernement représentatif dans sa sincérité et sa réalité ; qu'il en résulte une double conséquence : des dangers personnels pour le roi, et, pour l'opposition constitutionnelle, une impuissance absolue d'aucune réforme utile, quand même elle aurait la majorité dans les chambres, tant qu'elle n'aurait pas satisfait à certaines conditions dont la principale est de hâter les progrès de la raison publique, etc. Voilà le délit du *Siècle*. En vérité ce délit, aujourd'hui que nous sommes un peu plus de sang-froid que lorsque les poursuites ont été commencées, j'ai peine à me l'expliquer.

Le délit est-il dans la supposition mensongère, et faite à mauvais dessein, de la prééminence du pouvoir royal sur les autres pouvoirs? Mais il n'y a pas en cela supposition d'un fait faux ; il y a eu constatation d'un fait vrai, avoué, proclamé par tous, par les organes mêmes de la prévention. S'il y a là un délit, il faudrait l'étendre à certains réquisitoires; car il est des hommes, dont je n'incrimine pas les intentions, qui ont osé fort énergiquement soutenir que ce fait de la prééminence du pouvoir royal sur les autres pouvoirs est un fait salutaire, naturel et même nécessaire.

M. l'avocat général ne craindrait sans doute pas de reproduire devant vous les éloquentes protestations que je l'ai entendu faire dans la cause du *Courrier*, en faveur de cette participation directe, personnelle du roi dans tous les actes de son gouvernement. J'évoquerai également le souvenir des paroles de M. Guizot aux électeurs de Lisieux, lorsque débarrassé, comme il le disait si naïvement, de la gêne des convenances parlementaires, il s'écriait que depuis 1830 il n'y avait eu d'autre politique en France que celle du roi. Je demanderai à M. l'avocat général si un pouvoir qui fait tout, qui dirige tout, qui ne change pas lorsque tout change autour de lui, qui met le sceau de sa volonté personnelle et immuable sur toute la politique du pays, n'exerce pas par cela même une prééminence incontestable sur les autres pouvoirs; s'il ne les absorbe pas, s'il ne les force pas, pour me servir des expressions scientifiques du *Siècle*, de se mouvoir dans son orbite.

Le délit est-il dans l'appréciation du fait, dans le jugement que nous en avons porté ? Sommes-nous coupables pour avoir dit que cette situation du pouvoir royal n'était pas celle que semble lui assigner la constitution, qu'elle a par conséquent dû fausser le gouvernement représentatif et dû nous en donner une vaine apparence et non la réalité?

Mais alors nous avons des complices placés bien haut : rappelez-vous les paroles prononcées par le président de la chambre des députés, M. Dupin aîné, lors de la discussion du dernier ordre du jour motivé. « Je déclarai, disait-il » dans cette mémorable discussion, à mon noble interlocu- » teur (le maréchal Gérard) que j'accepterais un portefeuille » sous sa présidence et même sous toute autre présidence, » *pourvu que ce fût réellement une présidence*... Je le dé- » clare à la face de mon pays, jamais il ne m'a été offert » d'entrer dans le ministère à des conditions que j'eusse pu » accepter : j'ai refusé sept fois, je refuserai mille, tant

» qu'on ne me garantira pas plusieurs conditions, dont la » première serait que le conseil aurait un président non » pas *nominal* mais réel, etc.

En effet, messieurs, je ne connais rien de plus ignoble au monde qu'un ministère répondant d'une volonté autre que la sienne. Que sous un gouvernement absolu les ministres n'aient à répondre au maître que d'une chose, de leur obéissance, cela se comprend; mais dans un gouvernement constitutionnel le ministre répond au pays. Comment veut-on qu'il réponde au pays non de sa propre volonté, mais de la volonté d'un autre? Une telle situation ne peut se comparer qu'à celle de ces enfants du peuple, humbles compagnons des fils de quelque grand seigneur, qui recevaient le fouet pour chacune des fautes que commettait leur auguste camarade. (Hilarité générale.) Non, je ne connais rien de plus dégradant que cette résignation de ministres se présentant piteusement pour recevoir la peine des fautes d'autrui : accepter la responsabilité sans l'indépendance, c'est proclamer sa propre dégradation ! (Sensation.)

Ah ! je ne suis pas étonné que Casimir Périer, revendiquant toute l'indépendance de sa volonté et de son libre arbitre pour des actes dont il devait répondre, ait repoussé jusqu'aux apparences d'une sujétion à une autre volonté que la sienne, et que dans ses nobles efforts pour cette patriotique entreprise il soit mort à la peine. Je ne m'étonne pas que M. Dupin, que les hommes de valeur et d'intelligence, les hommes qui ont le sentiment de leur dignité, aient rejeté une situation dans laquelle il n'y a pas de ministres sérieux, mais des instruments passifs et résignés d'une volonté qui ne change pas.

Dans notre gouvernement le pouvoir ministériel est l'expression de l'opinion dominante du pays, le représentant des majorités électorales et parlementaires; il faut que ce pouvoir soit digne, élevé, et, pour cela, il faut qu'il soit indépendant : s'il ne l'est pas, le gouvernement représentatif est faussé dans un de ses principaux rouages; ce n'est pas seulement *le Siècle* qui l'a dit; sa conviction, comme on voit, est celle des personnes les plus éminentes de l'état.

Mais que diriez-vous des autres pouvoirs constitutionnels, des chambres, et du rôle subordonné que leur assigne la coopération personnelle du roi dans la politique et dans les systèmes qui sont débattus devant elles? Que peuvent les chambres, les majorités lorsqu'elles rencontrent, dans les actes qu'elles ont à discuter, non pas les ministres, mais le roi avec sa volonté immuable, publiquement et officiellement proclamée? Les chambres, messieurs, feront ce qu'elles font après quelques vaines et inutiles tentatives d'indépendance, elles se résigneront et se soumettront: ainsi elles rejetteront une première fois les 25,000,000 fr. dont un traité aura grevé la France envers l'Amérique; mais à l'instant même on écrira au président des États-Unis : « Ne vous arrêtez pas à ce refus; attendez, nous y reviendrons; votre créance vous sera payée, nous vous en donnons l'assurance... »

M. le Président, *interrompant le défenseur.* Je crois, Me Barrot, que vous allez trop loin, et que vous attaquez les actes du roi et des chambres.

Me Odilon Barrot. Je serais désolé, M. le président, de sortir des limites de la défense; mais la cour comprendra que nous avons à justifier une thèse toute politique. Ce n'est pas notre faute si nous sommes obligés d'exposer et de traduire devant le jury, c'est-à-dire devant la représentation la plus élevée de la justice du pays, toutes les perturbations que l'intervention patente, avouée du roi dans le gouvernement jette dans les divers pouvoirs de l'état ; c'est la prévention qui nous poursuit sur ce terrain, il faut bien que la défense l'y suive, et qu'elle prouve que là où on s'efforce de trouver un délit, il n'y a que la plus éclatante vérité constitutionnelle.

Au reste, l'appréciation à laquelle *le Siècle* et son défenseur se sont livrés sur les conséquences perturbatrices qui peuvent résulter, pour tous les pouvoirs constitutionnels, de la situation qu'on a laissé prendre au pouvoir royal, n'emporte nullement l'idée d'un blâme personnel et encore moins d'une responsabilité pour le roi ; et ce sont cependant là les signes caractéristiques du délit : *blâme* et *responsabilité*.

Si l'équilibre des pouvoirs se trouve rompu, ce n'est pas au roi qu'en reviendra le blâme et la responsabilité : s'il y a faute, c'est surtout celle des autres pouvoirs de l'état.

Eh ! mon Dieu, messieurs, c'est par une loi purement physique que, lorsque des forces doivent se faire équilibre et que toutes, sauf une, viennent à manquer, la force persistante emporte, envahit toutes les autres, qu'elle les absorbe, qu'elle les force, comme le dit *le Siècle*, à se mouvoir dans son orbite, dans sa sphère d'activité. C'est là un fait physique qui s'est produit dans notre monde politique, et c'est ce que nous avons pu dire sans faire remonter au roi aucun blâme, aucune responsabilité.

Ce n'est pas que je prétende que le roi ne doive dans aucun cas exercer aucune influence sur le gouvernement du pays ; je ne suis pas possédé de l'anglomanie jusqu'à vouloir que le roi ne puisse nommer un valet de chambre sans l'avis de son conseil ; non, je ne porte pas le puritanisme jusque-là. Quand une dynastie qui se fonde a pour chef un homme d'une capacité éminente, qui a le sentiment de sa force, et dont la confiance en lui-même a été souvent réalisée par l'expérience du passé, il est difficile en pareil cas que les fictions constitutionnelles, quelque nécessaires qu'elles soient, ne fléchissent pas.

Le roi a un trop gros enjeu dans la partie qui se joue pour ne pas exercer une certaine influence, une influence supérieure même à celle qui suffirait dans des temps plus calmes. Qu'il discute, qu'il éclaire les grandes questions, à la bonne heure; mais pourquoi formuler cette intervention en axiome public? Pourquoi publier que tout vient du roi et que tout y remonte, que, par exemple, comme le disait le *Moniteur* dans son numéro du 7 janvier, il *a tout achevé, tout consolidé, tout organisé dans notre pays*? Pourquoi cette personnification générale absolue de tout le gouvernement dans le roi? Non seulement cela n'est pas nécessaire à la juste influence de la couronne, mais cela compromet les intérêts de la dynastie et ceux du pays pour les grandes épreuves auxquelles notre patrie est peut-être encore réservée. Et quant à nous, députés appelés par conscience et par devoir à contrôler les actes du pouvoir, nous ne pouvons accepter la situation que cette intervention royale nous impose. Quoi! pas un acte où le nom du roi ne se mêle, pas une affaire où il n'apparaisse, et où il n'ait mis le sceau de cette volonté qu'on a grand soin de proclamer immuable! Mais ces actes, c'est notre droit et notre devoir, si telle est notre conviction, de les signaler tous comme dégradants pour notre honneur national, tous comme corrupteurs pour la morale publique, tous comme attentatoires à la Charte, comme détruisant en France jusqu'au sentiment de la légalité, cette vie morale de nos sociétés modernes : et vous voulez que ces reproches, ces accusations qui sont pour nous l'exercice d'un droit, l'accomplissement d'un devoir sacré, vous voulez que nous sachions bien que c'est au roi que nous les adressons. Non, mille fois non, nous n'acceptons pas cette situation. Ah ! s'il ne s'agissait que de nous, nous pourrions encore nous résigner au silence ; mais il y va de la monarchie constitutionnelle, qu'on veut fausser et qu'on rejette dans les hasards des révolutions violentes.

Si depuis un demi-siècle nos gouvernements ne se sont jamais réformés que par des révolutions, c'est que depuis cinquante ans les chefs de l'état engagés personnellement dans le combat des partis, épousant par cela même leurs passions et leurs haines, ont toujours dû considérer tout opposant comme un ennemi personnel ; et, de son côté, l'opposition peut-elle chérir, respecter l'auteur avoué d'un acte dans lequel elle aperçoit une trahison, une lâcheté, souvent même un crime?

Quand il y a ainsi hostilité entre les gouvernements et l'opposition, comment celle-ci pourrait-elle réaliser une réforme utile? peut-elle arriver paisiblement, régulièrement au pouvoir? Si elle triomphe, c'est donc le chef de l'état lui-même qui aura été vaincu à la face du pays dans sa volonté, dans sa politique, dans ses convictions hautement avancées? Mais quel est le chef d'un grand peuple qui consentira facilement à une telle humiliation? Dans toutes les conditions, et sur le trône plus qu'ailleurs, on lutte, on combat, avant de se laisser dégrader : c'est là l'explication de tous les coups d'état, de toutes nos révolutions depuis cinquante ans : Directoire, Empire, Restauration, voilà votre histoire !

Charles X a bien appelé le chef de l'opposition au gouvernement; mais quand, monsieur l'avocat général? Lorsque nous étions déjà à l'Hôtel-de-Ville, vous et moi, lorsque la révolution était déjà faite. Il a fallu une révolution pour combler l'intervalle entre le roi et Casimir Périer; non pas assurément que les conditions gouvernementales manquassent à cet homme d'état, mais parce qu'il avait attaqué, flétri le système, la politique avec lesquels le roi s'était ouvertement identifié, parce qu'on n'eût pas pu se trouver en sa présence sans rougir!

C'est cette impuissance de l'opposition, cette impossibilité des réformes pacifiques, ce péril de nos institutions, que l'article incriminé a signalés. Pour moi, j'irais plus loin encore que cet article; je porterais plus loin mes prévisions.

Dans la succession pacifique des rois qui ont si longtemps régné sur la France, il faut faire la part des traditions, des habitudes; l'intervention des parlements, qui étaient forts de la défense des franchises populaires, a aussi grandement contribué à faciliter cette transmission de la couronne d'une génération à une autre. Aujourd'hui, plus de prestiges divins, plus de traditions de famille; notre espoir est tout entier dans la force des institutions constitutionnelles qui rendent la couronne indépendante en quelque sorte du personnel de la royauté. Je fais des vœux bien sincères pour que cette vieille maxime : *Le roi est mort, vive le roi,* passe dans nos mœurs nouvelles; je désire profondément que le moment de cette grande épreuve à laquelle nous sommes réservés (puisse-t-il ne venir que bien tard!) passe comme inaperçu; mais si bien des personnes s'en effraient comme d'une crise terrible et décisive, n'est-ce pas la compliquer, la rendre plus difficile, plus périlleuse, que d'accréditer cette pensée que toutes nos destinées tiennent à une seule volonté, sont concentrées dans une seule personne? (Sensation.)

Croyez-le, messieurs, c'est par un dévouement consciencieux et sans réserve pour le gouvernement que nous avons fondé en 1830, que je signale ce danger comme un de ceux qui menacent le plus notre avenir, comme un de ceux qui doivent le plus nous inspirer le désir de voir tous les pouvoirs reprendre la force et l'indépendance nécessaires pour rétablir un juste équilibre entre eux et le pouvoir royal. C'est le seul moyen de rendre à nos institutions assez de force pour faciliter la transmission de la couronne, et faire qu'une si grande épreuve s'opère sans aucune perturbation dans le pays.

Maintenant je me demande ce qu'il peut rester de coupable dans l'article. J'ai établi que l'intervention personnelle du roi dans le gouvernement était un fait admis, avoué; que l'appréciation de ce fait, quant à ses conséquences, et pour le roi, et pour sa dynastie, et pour l'opposition, et pour la France, rentre parfaitement dans le domaine légitime de la discussion; que, tandis que les uns y voient le salut du pays, les autres peuvent y voir de graves dangers : cependant M. l'avocat général insiste et nous reproche d'avoir fait plus que commettre le délit prévu par la législation de septembre; il nous accuse d'avoir même dépassé toutes les prévisions de cette législation en ce que ce ne serait pas de tel ou tel fait spécial seulement, mais de tout un système, de la politique en général, que nous aurions fait remonter au roi le blâme ou la responsabilité.

Il faut vous défier, messieurs, de ces délits qu'on vous signale comme dépassant la loi : c'est souvent faute de pouvoir les y faire rentrer; et c'est notre cas.

Nous n'avons, on le reconnaît, reproché au roi aucun acte spécial de son gouvernement. Lorsque le *Moniteur* nous disait formellement que c'était le roi qui avait soustrait le prince Louis à la justice du pays, avons-nous dit qu'en cela le roi avait violé la première, la plus sacrée de nos lois, celle de l'égalité devant la loi? Non, nous ne sommes pas tombés dans ce piége.

Qu'avons-nous fait? Nous avons porté un jugement sur la situation respective des pouvoirs de l'état, nous avons dit que l'équilibre constitutionnel était rompu entr'eux, que l'un d'eux, le pouvoir royal, influençait trop fortement et enchaînait les autres. C'est là, dites-vous, dépasser même les limites de la prévention, c'est plus que le délit prévu, car c'est plus qu'une spécialité, c'est la généralité, l'universalité des actes du gouvernement qui seraient reprochés au roi.— Et moi je répète qu'il y a dans une telle accusation une misérable équivoque indigne de la solennité de cette audience.

Il n'est pas permis de dire que le roi a fait tel ou tel acte susceptible de blâme et de responsabilité; mais il est permis, en traitant de la situation générale du pays, de dire que le pouvoir royal *fait tout, dirige tout*; de répéter ce que vous avez dit, proclamé vous-mêmes en mille circonstances diverses; et c'est précisément parce qu'il y a là une généralité et non une spécialité, qu'il n'y a point de délit; il y a discussion et non reproche. Si la loi avait prétendu interdire toute polémique sur le sens et l'équilibre des pouvoirs de l'état, elle eût été absurde et inconstitutionnelle.

Maintenant nous ferez-vous la guerre des mots? nous reprocherez-vous, parce que nous avons dit *que le pouvoir royal était sorti de sa sphère constitutionnelle*, d'avoir dit *qu'il a violé la constitution?* parce que nous avons énoncé que ce même pouvoir a absorbé les autres pouvoirs, et les force à se mouvoir dans son orbite, que nous l'avons accusé *d'usurpation*, que nous avons présenté le roi comme étant *un tyran légitime?* etc.

Vain abus de mots, que nous avons d'avance réfuté. Non, ce n'est pas violer telle ou telle disposition de la constitution que d'entraîner les autres pouvoirs, non par la force ou la violence, mais par un ascendant moral que la capacité du roi, les dangers, les assassinats, les émeutes, la force des événements, indépendamment de toute volonté, ont grandi, et par une intervention active et incessante de sa part dans les affaires. Non, ce n'est pas usurper ces pouvoirs, les détruire violemment que de les influencer. C'est si peu les détruire, qu'ils existent, qu'il dépend d'eux de recouvrer leur force, leur ascendant, de rétablir l'équilibre, que *le Siècle* les y convie, et qu'il donne même dans ce but de fort sages avis à l'opposition constitutionnelle. M. l'avocat général serait bien embarrassé de préciser quelle violation constitutionnelle nous avons reprochée au roi, quel pouvoir aurait été, selon nous, détruit, usurpé par lui : il lui est plus facile de dire que nous avons dépassé la loi.

Le Siècle est-il coupable pour avoir dit que grâce à cette coopération personnelle et directe du roi dans le gouvernement, qui vient comme s'absorber dans une volonté immuable, *nous avons la représentation du gouvernement et non le gouvernement représentatif?* M. le président Dupin a dit à peu près la même chose, lorsque dans une discussion solennelle il s'exprima ainsi : « La *chambre est chargée d'entretenir non l'apparence du gouvernement représentatif mais la réalité de ce gouvernement.* Est-ce cette autre phrase qui serait coupable, dans laquelle on dit que le pouvoir royal, en se mêlant à la lutte des partis, s'est désigné aux coups des assassins? Mais cette phrase se retrouve à peu près textuellement en tête du réquisitoire contre Alibaud. MM. Dupin et Martin du Nord nous couvrent.

Mais, puisqu'on insiste tant sur les mots, pourquoi ne pas nous tenir compte aussi de cette déclaration formelle, contenue dans le paragraphe incriminé: *que le pouvoir royal est irresponsable de sa nature*, et de cette autre, *que les ministres sont seuls coupables des fautes qu'ils ont conseillées?*

M. Plougoulm. Voyez le texte, il y a à la suite : *les ministres échappent à toute responsabilité.*

Me Odilon Barrot. C'est vrai; les ministres, en se cachant derrière le roi, en le mettant en jeu et sur la première ligne des combattants, quoique seuls coupables, échappent aux coups qui devraient n'atteindre qu'eux. Il existe alors une responsabilité morale du système et de la politique du gouvernement qui dépasse les ministres; c'est évident : voudriez-vous le nier, voudriez-vous réaliser pour nous cette parabole de l'Évangile : Ils ont des yeux et ne voient pas, des oreilles et ils n'entendent pas.

Je comprends qu'on accepte avec résignation tout ce qui nous vient de la Providence, même le mal, même les fléaux. Mais qui acceptera avec la même résignation le mal qui viendra d'un homme, quelque haut placé qu'il puisse être! Si donc chaque jour, chaque heure, vous déclarez que tout vient du roi, que tout émane du roi, tout, même ce qui nous blesse dans tous nos sentiments, dans tous nos intérêts, c'est vous alors qui créez contre le roi une responsabilité, non pénale, mais morale, qui est inévitable, cette responsabilité qui met en jeu les passions, qui allume les haines.

En droit, et sur l'interprétation de la loi, M. l'avocat général a commis une grave erreur lorsqu'il a supposé que toute allusion quelconque au roi, directe ou indirecte, constituait le délit prévu par la loi. C'était là en effet le texte primitif du projet de loi; mais...

M. Plougoulm. Si vous n'avez pas sous les yeux le texte du rapport, je puis le lire. « Le projet de loi interdisait de faire intervenir directement ou indirectement » le nom du roi dans les actes du gouvernement; cet » article ne pouvait être admis avec de tels termes; leur » élasticité pouvait, contre la pensée du projet, s'appliquer à des actes indifférents, quelquefois même à des » intentions louables. Celui qui mêle le nom du roi à » une discussion, *sans y joindre d'intention injurieuse*, » peut manquer assurément de tact parlementaire; mais » lorsqu'il n'y a point *imputation de blâme* ou de *responsabilité*, nous ne pouvons y voir un délit. Nous vous » proposons de remplacer l'article 3 du projet par un » article ainsi conçu, etc. »

Me Odilon Barrot. Il est donc vrai que la loi ne punit que *l'intention injurieuse*, l'imputation de *blâme* ou de *responsabilité*. Ainsi restreinte, la loi est juste; elle est la seule, de toute cette législation exceptionnelle de septembre que nous a valu l'attentat de Fieschi, que l'opposition n'ait pas combattue; mais, étendue comme le fait M. l'avocat général, appliquée à une discussion générale sur l'équilibre des pouvoirs, à l'observation faite que l'un de ces pouvoirs, le pouvoir royal, a rompu l'équilibre plus encore par la faiblesse des autres pouvoirs que par sa force, ce serait en vérité, nous ne saurions trop le répéter, interdire la discussion dans ce qu'elle a de plus légal et de plus nécessaire.

Messieurs, tout n'est pas écrit dans une charte; il ne suffit pas d'y avoir stipulé l'inviolabilité du pouvoir royal, la responsabilité des ministres, le concours des chambres au pouvoir législatif, le droit d'examen et de discussion, etc.; il faut que toutes ces choses s'harmonisent entre elles. Que devient l'inviolabilité morale du roi s'il s'identifie publiquement, patemment avec les actes et les personnes sur lesquels les chambres et l'opinion publique ont le droit de porter les accusations, les flétrissures? Que devient le droit de l'opposition de constater, d'accuser et les choses et les personnes, si dans ces choses, dans ces personnes elle rencontre le roi et toujours le roi? C'est surtout aux mœurs, aux bonnes habitudes à compléter, à suppléer même les prescriptions écrites de la constitution; que chacun y travaille.

Ce travail est long; le temps, un progrès lent et successif peuvent seuls opérer cet accord si désirable entre les mœurs et toutes les conditions du gouvernement représentatif. On peut en trois jours briser un gouvernement qui a violé ses serments, on peut à une charte octroyée substituer rapidement une charte nationale, où toutes les garanties sont formulées et comprises; mais on ne fait pas si vite l'éducation constitutionnelle d'une nation.

Cette œuvre, c'est celle dont la presse consciencieuse et l'opposition constitutionnelle poursuivent l'accomplissement avec constance, fermeté, et à travers tant d'entraves et de vicissitudes. Si dans ce travail des esprits et des intelligences le pouvoir intervenait autrement que par la discussion; si, au lieu d'opposer les raisons aux raisons, les autorités historiques aux autorités historiques, il intervenait par des réquisitoires et des condamnations, qu'arriverait-il? Le mal irait s'aggravant chaque jour, les mœurs publiques loin de se former, de s'améliorer, se détérioreraient de plus en plus; les hommes qui veulent sincèrement fonder en France la monarchie constitutionnelle se décourageraient; la violence et la haine remplaceraient la discussion; nous aurions une constitution nominale, des pouvoirs apparents; et si quelque grande crise venait nous surprendre dans cette situation anormale, nos institutions faussées n'auraient plus assez de respect pour triompher de ce moment de péril. Voilà, messieurs, le résultat inévitable des condamnations que sollicite si imprudemment le pouvoir.

Le jury a déjà proclamé et vengé, dans l'affaire du *Courrier,* le droit de la discussion; grâces lui en soient rendues. Il a donné au gouvernement un avertissement aussi sévère qu'utile. Je sais que ce verdict a été qualifié avec peu de respect par certains organes de la presse ministérielle; ils reprochent au jury de l'intelligence, de n'être pas à la hauteur de ces grandes questions constitutionnelles. Ne vous arrêtez pas à ces reproches; ils sont désavoués par ceux-là mêmes qui vous les adressent. Les ministres ne trouvent au jury que trop d'intelligence, et c'est pour cela qu'ils s'efforcent de lui enlever, tantôt sous un prétexte, tantôt sous un autre, la connaissance des délits politiques. Vous veillez, messieurs, pour le pays sur la limite du droit de discussion; vous ne permettez pas qu'elle soit franchie, mais vous ne voulez pas qu'elle soit illégalement et arbitrairement resserrée. En remplissant avec courage et loyauté cette noble mission, vous défendez le gouvernement contre ses propres écarts, vous le servez mieux que ceux qui se disent ses amis exclusifs. Là où une intention d'injure ou d'outrage pour la majesté royale vous apparaît, vous condamnerez; mais là où il y a discussion grave, sérieuse sur un intérêt constitutionnel, là où il y a avertissement sincère, loyal, sur un danger réel pour le roi et nos institutions, vous ne condamnerez pas. Vous ne voulez pas imiter cet empereur romain qui punit de mort celui qui, pour le sauver, avait porté la main sur sa personne sacrée. Qu'arriva-t-il? C'est que plus tard, ce stupide empereur, lorsqu'il fut attaqué, appela vainement à son secours : il périt de la main des assassins.

Un long mouvement d'approbation succède à cette plaidoirie.

M. LE PRÉSIDENT. On va suspendre l'audience pour dix minutes.

Au bout d'un quart-d'heure l'audience est reprise : M. l'avocat général a la parole pour répliquer.

M. PLOUGOULM. Messieurs, il y a cela de particulier dans la discussion qui nous occupe, c'est que la puissance de la parole, c'est que les ressources de l'éloquence n'y peuvent rien. Il n'y a pas d'éloquence, il n'y a pas de raisonnements élevés, qui puissent changer le délit : le délit est là, on ne peut pas faire illusion à votre conscience; c'est que vous prononcerez comme des hommes probes et libres. Si vous pensez que dans cet article que nous vous déférons il y a une pensée coupable, vous condamnerez.

La défense, quand elle est pourvue d'un grand talent, comme celui de notre honorable adversaire, la défense cherche, en se lançant dans des considérations élevées, à se jeter hors de la cause; mais l'article crie trop haut la culpabilité pour qu'il soit possible, même avec tout le talent, toute l'adresse imaginable, d'en détourner votre attention. Quant à nous, messieurs, nous n'hésitons pas à vous dire que de tous les articles que nous avons déférés au jury, nous n'en avons jamais vu un seul dont la culpabilité fût plus flagrante. Voyons si cette accusation, si nette et si positive, est fondée.

On a parlé de l'acquittement du *Courrier français*. C'est de ce point qu'on est parti pour atténuer la culpabilité de l'article du *Siècle*. D'abord je vous dirai que le jury n'a pas de jurisprudence : comme il ne prononce que sur des faits, et que rien n'est plus variable que les faits, surtout en matière d'article de journal, ainsi un précédent ne saurait être invoqué. Mais on nous a dit que nous avions insisté pour la jonction des causes du *Courrier* et du *Siècle*; si nous voulions les réunir, c'est que la doctrine qui était en germe dans le *Courrier français*, et avec toute la réserve qui appartient à ce journal, est nettement formulée et développée d'une manière explicite dans *le Siècle*. Cela est si vrai, que le *Courrier français* ne voulait pour rien au monde être réuni dans le même jugement que *le Siècle*; il trouvait le contact contagieux.

Aujourd'hui qu'on a obtenu du jury un verdict pour le *Courrier*, on s'en fait une arme; mais il me sera facile de vous démontrer que les deux articles n'ont rien de pareil ni pour la forme ni pour l'expression

Dans le *Courrier français* on disait seulement qu'en donnant seulement au roi une action directe dans les affaires du gouvernement, on mettait sa personne à découvert.

Le Siècle dit-il seulement que le roi règne et ne gouverne pas? Il dit que le roi a tellement absorbé les autres pouvoirs qu'il les a annulés.

Me O. Barrot. L'article ne dit pas cela.

M. Plougoulm. L'article dit que le gouvernement n'est que la représentation du gouvernement représentatif: faites bien attention à cette différence; ne confondez pas un journal qui a pu être absous et un journal qui doit être condamné.

Dans l'article du *Siècle*, c'est une usurpation immense du pouvoir royal qu'on dénonce au pays. Qu'on ne vienne donc pas, au moyen d'une absolution précédente, chercher à vous séduire pour obtenir une absolution nouvelle qui serait la plus fâcheuse.

Je ne suis pas de ceux qui attaquent les décisions du jury; nous nous inclinons devant vos décisions, et ce que nous disons ici ce n'est pas par flatterie. Oui, celui qui touche ce siége prend l'engagement de prononcer selon sa conscience; s'il prononçait contre sa conscience, il se condamnerait au malheur le plus grave, au mépris de lui-même.

Que personne de vous, je le répète, ne soit préoccupé de la pensée de l'acquittement du *Courrier français*; en lisant son article vous aurez la preuve qu'il n'y a rien de commun entre cet article et le délit dont nous demandons la condamnation.

On s'est écarté de la question si nette et si simple que nous avions entée sur le texte de la loi, on s'est jeté dans une thèse de haute politique: on vous a dit que lorsque le roi gouvernait, il en résultait d'immenses dangers; on vous a dit qu'en signalant ces dangers *le Siècle* avait voulu donner un avertissement salutaire. Je ne pense pas, messieurs, qu'on veuille vous faire décider cette question, à savoir si le roi doit ou ne doit pas gouverner: je répondrai à cet égard peu de mots à mon honorable adversaire.

Le roi est irresponsable, par cela même qu'il est inviolable. Que le roi gouverne ou qu'il ne gouverne pas, qu'il prenne une part plus ou moins directe aux actes de son gouvernement, le roi se meut dans son orbite légalement, tant qu'il est couvert par la signature d'un ministre: constitutionnellement parlant, voilà le droit.

Tout à l'heure vous avez entendu le défenseur vous dire qu'il concevait qu'un homme qui arrivait sur le trône, porté par le suffrage populaire, qui se trouvait dans des circonstances graves, exceptionnelles, ne restât pas étranger au mouvement politique, ne se résignât pas au rôle d'un roi fainéant. Nous ne demanderons pas quelle serait la limite à laquelle devrait s'arrêter l'action royale; nous nous bornons à lui savoir gré de cette concession. «Mais vous-mêmes, a-t-on dit, s'adressant aux journaux ministériels, vous-mêmes faites le délit, en mettant le roi en avant: nous pouvons dire que le roi a tort quand les journaux ministériels disent qu'il a raison.» Nous prétendons au contraire, nous, qu'on peut louer la sagesse du roi, la prudence du roi, la vertu du roi; nous prétendons qu'on peut dire qu'il a sauvé la France; nous prétendons qu'on peut dire tout ce que nos cœurs disent dans leur langage muet mieux que je ne saurais l'exprimer moi-même.

On peut louer le roi; mais on ne peut pas blâmer le roi, parce que le roi ne peut pas faillir: le roi peut se tromper, il peut entraîner ses ministres dans une mauvaise mesure, mais personne n'aura le droit de le dire.

Si aujourd'hui on permet de trouver un tort au roi, demain on permettra de lui en trouver un autre, et le pouvoir royal sera miné dans sa base. Ainsi, on ne peut pas faire remonter le blâme et la responsabilité jusqu'au roi: vous pouvez savoir que c'est le roi qui a voulu telle ou telle mesure, mais vous n'avez pas le droit de le dire.

Maintenant, je répondrai à l'éternel argument de la presse: «Mais c'est vous qui en attribuant certains actes au roi, c'est vous qui désignez le roi au poignard des assassins.»

On loue le roi, messieurs, mais on a le droit de le louer: ce ne sont pas ceux qui louent le roi qui appellent sur lui les poignards, ce sont les doctrines de ceux qui l'ont attaqué. Ainsi les premiers criminels qui aient comparu devant la cour des pairs, ceux-là disaient qu'ils lisaient *le Réformateur*, qu'ils s'en nourrissaient, que c'était-là qu'ils retrempaient leur courage régicide. Alibaud, plus tard, Alibaud a dit qu'il s'était fortifié dans son projet criminel en lisant un article où on disait que le roi régnait, et régnait à tort. Ce n'est pas en louant la sagesse du roi, son dévouement au pays, la sincérité de son cœur, ce n'est pas ainsi que vous appellerez sur lui la main des assassins.

Après avoir replacé la discussion sur ces bases, examinons maintenant quel est l'esprit de l'article.

Ici M. l'avocat général donne une nouvelle lecture du passage sur lequel il a principalement insisté. Je ne puis pas concevoir, ajoute-t-il, comment on peut soutenir que le délit n'existe pas ; on dit qu'il absorbe tous les pouvoirs, qu'il les entraîne dans son orbite. Que ferait autre chose celui qui usurperait le pouvoir, comme jadis fit Bonaparte? Ce n'est pas sans étonnement que j'ai entendu mon honorable adversaire dire que les ministres étaient des esclaves dégradés sous la main royale ! Mais où en sommes-nous donc ? Mais auprès du tableau qu'on vous présente de la situation actuelle les ordonnances de juillet ne sont rien, car elles conservaient encore une apparence de liberté. A notre insu il s'est trouvé, à en croire l'honorable défenseur, que l'homme qui est sorti de la victoire du peuple insurgé annulle aujourd'hui le pouvoir des chambres ; députés, pairs, il n'y a plus rien, tout est annihilé. C'est là, messieurs, ce que dit l'article ; c'est ainsi qu'il m'apparaît. S'il en était autrement, il faudrait dire que cet article n'aurait pas le sens commun : on énumère dans l'article une foule de griefs, et tous ces griefs on les impute à la personne du roi.

Il n'y a pas, messieurs, de prestiges d'éloquence qui puissent faire disparaître un délit, quand ce délit est écrit. Si on avait voulu imposer à la personne du roi la responsabilité d'un seul acte, la responsabilité, par exemple, de l'événement de Strasbourg, cela ne serait rien ; mais c'est depuis six ans qu'on lui impute une flagrante usurpation.

Il faut, messieurs, que les nécessités de la cause soient bien puissantes pour entraîner le défenseur dans les considérations qu'il a développées. Ainsi, comment a-t-il pu dire que la puissance royale paralyse la chambre? Est-ce que par hasard les élections ne sont pas libres? Que le roi exerce une influence dans le conseil particulier, très-bien ; mais comment cette influence s'exercerait-elle dans les chambres? Mais dans les chambres les ministres n'ont d'autre puissance que celle qu'ils reçoivent de la majorité ; la majorité peut les renverser d'un regard. Ce qui vous étonne est précisément ce qui est le plus admirable ressort du gouvernement représentatif, c'est que le roi ne peut pas choisir les ministres ailleurs que dans la majorité. Si le roi les prenait ailleurs, la chambre ne les regarderait pas. Je ne comprends pas qu'on vienne nous dire tout ce qu'on nous a dit pour défendre un mauvais article du *Siècle*.

Quant à nous, messieurs, nous ne sommes pas tenus de vous démontrer que l'article a mal raisonné, mais qu'il a raisonné contre la loi. Il faudrait un extrême aveuglement pour méconnaître la pensée de l'article ; on ne peut plus attaquer par l'injure, on a été obligé de renoncer à ce langage grossier, mais on attaque par des discussions dangereuses. Il y a beaucoup de gens auxquels déplaît la politique du roi; il n'ignore pas qu'il attire sur lui les coups des assassins. Il le sait, il leur offre sa poitrine ; et nous, nous terminerons par un mot : Si ce misérable qui attend en ce moment son jugement dans les cachots de la cour des pairs, si ce misérable lisait votre article, il s'en réjouirait. Meunier, puisqu'il faut le nommer enfin, Meunier, en lisant cet article, dirait : « Puisque le roi a fait tant de mal, je ne suis pas si coupable ; j'ai cherché à être utile à mon pays. »

Emportez, messieurs, cette opinion dans la salle de vos délibérations, et absolvez si vous voulez.

M. Odilon barrot se lève vivement, et réplique en ces termes :

« Vous venez d'entendre pour la seconde fois M. l'avocat général. Sa persévérance à chercher partout le délit vous a démontré que le délit n'existait en réalité nulle part; mais voyez jusqu'à quel excès l'ont emporté son zèle et sa persistance ! Assurément, le seul besoin de la vérité ne l'aurait pas condamné à évoquer, comme il l'a fait, un odieux assassinat, que nous avons énergiquement flétri, et à établir une solidarité infâme, que les organes les plus éhontés de la presse subventionnée n'ont pas même tentée. Eh quoi ! parce qu'un journal signale un danger, parce qu'il fait sentir tout ce qu'une personnification imprudente dans des actes mauvais a d'inquiétant pour l'avenir, il s'expose lui-même à la responsabilité des actes les plus odieux ? Non, mille fois non !

« C'est un homme consciencieux qui vous parle ; je vous rappelle les faits de notre propre histoire. Toutes les fois qu'un ministère sérieux a assumé la responsabilité de son administration, qu'il ne s'est pas retranché derrière la personne du roi, alors toute la violence, toutes les passions se sont portées contre ce ministère, comme pour attester au monde ce grand bienfait du gouvernement constitutionnel, qui détourne de la personne royale les haines et les vengeances, pour maintenir cet arbitre suprême au-dessus de toutes les passions, comme au-dessus de tous les intérêts. Mais quand un ministère fait intervenir le roi dans tous les actes officiels, quand il publie incessamment le nom du roi, il donne un signal dangereux, il fait un appel coupable aux passions politiques. M. Casimir Périer voulut être indépendant afin d'être responsable ; il voulut à tout prix écarter le nom du roi de nos discussions ; il parut sur la brèche, il y parut seul, messieurs, et sans bouclier. Alors il y avait aussi des complots, des menaces, des violences et des émeutes. Mais, qui fut menacé ? Contre qui les menaces, les violences? Contre Casimir Périer. On le sentait, messieurs ; là était la responsabilité, là était le gouvernement. Le ministre était responsable, et le roi planait dans sa haute sphère à l'abri de tous les coups. Casimir Périer mourut, et l'on vit alors des ministres s'abriter sous le manteau royal ; alors aussi les menaces montèrent plus haut, les poignards se dirigèrent ailleurs, et le roi eut à craindre pour ses jours. Voilà des faits, M. l'avocat général, nous ne les créons pas. (Mouvement.)

« Mais, dites-vous, nous sommes un *journal anti-dynastique*, et par ce motif vous incriminez nos intentions ! ! ! Par hasard voudriez-vous nous faire un procès de tendance ? Il faut le déclarer tout haut. Quant à moi, j'ai examiné la profession de foi du journal *le Siècle*, j'ai suivi ce journal, j'ai pu quelquefois regretter certaines formes employées ; mais je le déclare, la ligne suivie par ses rédacteurs m'a toujours paru celle de la monarchie constitutionnelle, soutenue loyalement, sincèrement et sans arrière-pensée.

« Vous qui n'avez pas craint de nous accuser d'une sorte

de complicité avec un odieux assassin, avez-vous lu cet article où le crime de Meunier est qualifié, apprécié avec l'énergie de la plus vive indignation? Ecoutez comme s'exprimait *le Siècle* le jour même de l'attentat:

« Voici encore un nouveau crime qui vient indigner « le pays, et peut-être faire peser sur lui ses déplorables « conséquences. La vie du roi a été en danger. Un « hasard miraculeux l'a encore une fois sauvé. Mais « quand finira cette lamentable série de tentatives d'as- « sassinats? Quand donc la vie du roi sera-t-elle assu- « rée au milieu de la capitale? Quand pourra-t-on es- « pérer de ne plus voir quelque fanatique venir, par ses « malheureuses passions, se faire juge des griefs du « pays, et le jeter dans de funestes agitations? Quand « donc les progrès que l'opposition constitutionnelle « fait par la raison, par la force et aussi par la sagesse « de ses principes, dans l'opinion publique, ne seront-ils « plus fatalement combattus par la fureur maladive « d'un misérable assassin, qui ne sait pas même, l'in- « sensé! qu'il ne peut commettre qu'un crime inutile « au but qu'il se propose, et qu'en jetant une balle dans « la tête du roi, il ne tuerait pas la monarchie constitu- « tionnelle? »

M. O. Barrot, *s'adressant à M. l'avocat général.* Eh bien! dites, dites maintenant si cet article est de nature à réjouir le criminel, à porter la consolation, l'espérance dans son cœur!

M. Plougoulm. Aussi n'avons-nous pas incriminé cet article...

Une voix. C'est bien heureux.

M. Plougoulm. Je ne sais pas qui peut se permettre de prendre la parole sans l'avoir obtenue de la cour ?

M. O. Barrot. M. Casimir Périer a lutté pour l'indépendance du ministère ; il a lutté, et il est mort à la peine. C'est le *Courrier* qui l'a dit, et M. l'avocat général a tonné de toute son éloquence contre de pareilles imputations faites au roi. Il en demandait la condamnation. Le jury dans la hauteur de son jugement n'a vu là qu'une thèse politique, dont il est permis de suivre les conséquences et d'examiner les résultats. Quant à notre cause, je le déclare, je n'ai pas une telle habitude de prendre toutes les affaires qui se traitent devant les tribunaux pour que j'eusse nécessairement cru devoir sortir de cette réserve pour venir défendre une offense faite à l'autorité royale. Je ne reconnais pas un seul cas où il puisse être utile de faire insulte à cette autorité. Il n'y a, selon moi, dans aucune des éventualités du gouvernement constitutionnel, excuse légitime à un outrage à la majesté royale. Mais autant je repousse l'injure, autant je m'oppose à l'équivoque à l'aide de laquelle on voudrait interdire l'appréciation de l'état respectif des pouvoirs et de leur équilibre. Ce serait, en vérité, interdire la discussion de la question la plus sérieuse, la plus fondamentale dans l'ordre constitutionnel.

Je fais appel à la loyauté, au bon sens, à l'équité de MM. les jurés. Quand nous affirmons que la puissance royale a absorbé tous les autres pouvoirs dans sa sphère d'action, croyez-vous sincèrement que nous accusions le roi d'avoir fait violence ou corrompu les autres pouvoirs? Mais non, non; rien de tout cela; en voulez-vous une preuve?

Supposons qu'une chambre soutenue par une opinion publique formidable, forte à son tour de son ascendant moral, entraînât dans sa sphère d'action les autres pouvoirs de l'état, est-ce que dans cette position on verrait l'envahissement et la destruction par le pouvoir parlementaire tout à la fois de la royauté et de la chambre des pairs ? Est-ce que l'on y verrait une violation de la constitution ? ...

Eh bien ! en présence de ce fait de la prééminence acquise au pouvoir royal sur les autres pouvoirs, n'avons nous pas été autorisés à dire simplement à l'opposition : Disciplinez-vous ; aux chambres, ayez la conscience de votre dignité; aux ministres, ayez enfin une volonté ! Mais voilà tout : de force, de violence, de destruction, il n'en est pas question.

Ici je prie MM. les jurés de recueillir mes paroles de manière à en tenir compte dans leur conscience. L'ascendant moral par lequel le pouvoir royal force les autres à se mouvoir dans son orbite, nous ne le blâmons pas avec une intention injurieuse ; nous ne l'accusons même pas. Eh ! mon Dieu, nous savons bien qu'il ne peut jamais y avoir équilibre parfait. Quand on le croit établi, c'est tantôt l'élément aristocratique qui domine, comme cela est arrivé en Angleterre ; en France ce sera tantôt l'élément royal, tantôt l'élément démocratique. L'équilibre parfait exige le fonctionnement égal de tous les pouvoirs ; quand l'un d'eux s'amoindrit ou s'arrête par déférence ou par tout autre motif, cet équilibre est rompu ; c'est là un accident du gouvernement représentatif. Mais le pouvoir électoral reste toujours libre d'agir quand il lui plaira ; la chambre, quand elle voudra ; le ministère, quand il voudra. Mais personne ne veut. (Agitation.)

Lorsque M. Royer-Collard affirmait que l'élément démocratique nous *débordait*, il ne disait pas pour cela que la chambre des députés violait la constitution en absorbant les pouvoirs ; lorsque nous disons que la chambre des pairs, par la seule force des choses, est privée de participer à la discussion sérieuse de la loi la plus importante, du budget, veut-on conclure que nous accusons la chambre des députés d'usurper par la violence le pouvoir de la chambre des pairs, et va-t-on nous traduire comme coupables d'outrages envers la majorité parlementaire ? Ce serait absurde.

J'admets qu'on loue la personne royale, et qu'on l'environne de ces hommages qui en rehaussent la majesté. Oui, qu'on loue le roi, c'est faire acte de bon citoyen. Mais ne dites pas que la volonté du roi est associée à telle ou telle politique; je veux respecter le roi, et je veux attaquer la politique: mettez donc le roi en dehors du débat. Qui de vous ou de moi respecte le plus la majesté royale. Il y a en politique toujours des combattants ; que le roi ne soit jamais parmi les vainqueurs, pour n'être jamais parmi les vaincus. Voilà une pensée monarchique, royale, dynastique. Proclamez-la donc avec nous, MM. les jurés, afin de donner un utile avertissement au pouvoir.

Il y a deux classes d'hommes qui s'entendent sur ce point, qu'il faut que le roi mette la main à tous les actes du gouvernement (M. O. Barrot, *s'adressant au ministère public*) : Vous d'abord, et puis les hommes qui nient la possibilité d'une monarchie représentative. Si vous consultez leurs feuilles, il ne m'appartient pas de les signaler, mais c'est votre devoir de les analyser, vous verrez qu'elles regardent comme une nécessité la coopération du roi, et par conséquent comme impossible le maintien de l'inviolabilité et de la successibilité du pouvoir royal.

Comment se fait-il qu'on s'entende ainsi dans les deux camps extrêmes?

Il suffit, nous dit-on, qu'un acte soit contresigné par un ministre pour que nous ayons perdu tout droit de nous plaindre. Lorsque Charles X ne craignit pas de se commettre de sa personne, quand il appela les électeurs à son aide, quand il engagea la royauté dans un combat où sa dynastie a été vaincue, l'acte fut contresigné par un ministre, par M. de Polignac..... Si un honnête homme, élevant la voix, eût dit alors courageusement au roi qu'il sortait de sa sphère, et qu'il préparait la révolution, cet homme, lui auriez-vous imposé silence au nom de la loi?... auriez-vous songé à restreindre misérablement son droit, qui eût été aussi son devoir?....

M. Plougoulm, *avec une intention marquée.* Est-ce que Louis-Philippe a fait quelque chose de pareil?

M. O. Barrot, *énergiquement, se tournant vers M. l'avocat général.* Non, M. l'avocat général, Dieu merci, pas encore! Aussi ne sommes-nous pas à la veille des barricades, et c'est pour cela même que l'avertissement est opportun et légitime. Si nous étions à la veille des barricades, il serait tardif, car ce n'est pas la veille même du malheur qu'il faut songer à le prévenir. (Murmures d'adhésion.)

Ce n'est pas en 1830 seulement que les avertissements ont commencé pour la dynastie déchue; c'est beaucoup plus tôt; c'est lorsque vos hommes d'état, vos ministres d'aujourd'hui, traitaient avec le poids de leur haute autorité et de leur science ces principes salutaires, ces maximes célèbres auxquels nous sommes restés fidèles; c'est quand ils nous apprenaient, à nous jeunes hommes, à quelles conditions une monarchie peut s'établir; c'est alors que les avertissemens pouvaient être utiles. Il en est de même aujourd'hui. Donnons les avertissements afin qu'ils profitent. Ne punissez pas ceux qui les donnent maintenant; plus tard vous les encourageriez en vain : les conseils seraient tardifs ou inutiles!

Vous l'avez compris, messieurs les jurés, il fallait un devoir rigoureux pour me décider à intervenir dans cette cause. Ma position particulière rendait difficile l'expression de ma pensée. Je ne pouvais produire toutes les preuves particulières qui attestent combien est réel le danger signalé par *le Siècle*, sans transporter pour ainsi dire dans cette enceinte judiciaire tout ce grand débat politique, et et sans transformer cette barre en une tribune. M. le président m'en a averti; le jury, je l'espère, aura compris aussi les nécessités de ma cause, il m'aura pardonné; il suppléera à mes réticences forcées par ses souvenirs.

Je puis lui affirmer, en toute sincérité et foi d'honnête homme, que j'ai rencontré partout dans toutes les classes, dans toutes les opinions, mêmes celles qui sont les plus modérées, les plus timides, des citoyens en très-grand nombre qui sont vivement préoccupés de ce même danger qui a inspiré les avertissements du *Siècle*. La chambre des députés elle-même, malgré ses craintes, sa déférence, la chambre qui croit à tort, selon nous, qu'on soutient un gouvernement en lui accordant tout ce qu'il demande, la chambre qui, dans notre opinion, dépasse toutes les bornes d'un dévouement éclairé, eh bien! dans cette session et dans deux occasions différentes, elle a protesté autant qu'il était en elle contre cette doctrine de l'intervention royale. Ainsi le discours de la couronne avait dit, faisant parler le roi : *J'ai préservé la France des malheurs incalculables*, etc. La première rédaction de la réponse de la chambre proposait de retourner la phrase selon l'usage, et de répondre : *Votre majesté a préservé la France*, etc. Une discussion fort animée s'établit dans le sein de la commission : je voudrais pouvoir vous traduire ce débat d'intérieur, il porterait aussi avec lui ses enseignements. En définitive, sur la menace faite par les membres les plus éminents de cette commission, de porter la question à la tribune, où leur parole devait avoir le plus grand retentissement, on substitua à ces mots, *votre majesté*, qui mettaient le roi personnellement en jeu, ceux-ci, *le gouvernement de votre majesté*. Ainsi encore, lors de la discussion de la loi municipale, à ces mots, *d'après les ordres du roi*, qui se trouvaient dans le texte primitif, on substitua par amendement et avec une intention marquée ceux-ci : *par ordonnance royale*. Ces détails, dans lesquels je vous initie, peuvent paraître puérils, je le sais; mais ils vous attestent cette conscience secrète, intime même de la majorité parlementaire, sur la question de la coopération royale.

C'est là un sentiment digne, intelligent, de la première des nécessités de notre gouvernement représentatif; nous regrettons seulement qu'il ne se produise aussi timidement que dans les mots et non dans les choses. Ah! s'il était énergiquement soutenu par nos mœurs constitutionnelles, si nous avions des majorités parlementaires maintenant avec respect, mais avec fermeté, leurs actes et leurs hommes, soyez-en bien convaincus, toute cette polémique sur l'équilibre des pouvoirs, sur l'extension du pouvoir royal, sur les perturbations et les dangers qui en résultent, cette polémique qui nous amène devant vous, cesserait à l'instant même, elle deviendrait oiseuse; le roi, bien plus vraiment libre dans son action qu'il ne l'est maintenant dans les liens de cette solidarité dans laquelle on l'a engagé avec les actes et avec les hommes, pourrait en appeler désormais de ses ministres aux chambres, des chambres au pays; il pourrait accepter telle nouvelle combinaison de pouvoir, telle nouvelle réforme politique qui serait dans le besoin et les vœux de l'opinion générale, sans humiliation personnelle, sans embarras du pays, sans rapports de défiance et d'hostilité; il pourrait exercer avec plénitude et dignité ce haut et noble arbitrage, que les courtisans et les ennemis avoués de nos institutions s'efforcent vainement de ravaler par des épithètes méprisantes. Messieurs, dans mon opinion, il n'y a pas de position plus élevée pour un homme sur cette terre, de situation qui l'assimile davantage à la Providence, que celle d'un roi constitutionnel, planant au-dessus de toutes les passions, de tous les débats, *juge* suprême et jamais *partie* dans ces conflits des partis, arbitre inviolable et toujours respecté. Sommes-nous donc coupables de vouloir assurer à notre nouvelle royauté une telle destinée! (Longue agitation et long murmure d'approbation dans l'auditoire.)

M. le président résume les débats en peu de mots.

M. PLOUGOULM. Je demanderai au défenseur s'il ne s'oppose pas à ce qu'on mette sous les yeux de MM. les jurés le numéro du *Courrier Français* dont il a été question dans les débats.

Me ODILON BARROT. Je m'empresse de consentir à la demande de M. l'avocat général. J'aurais demandé moi-même cette communication comme une faveur. Si M. l'avocat général veut le permettre, on mettra en même temps sous les yeux du jury la déclaration de principes, le programme du journal *le Siècle*, et le numéro qui contient l'article dont je viens de lire un extrait.

M. Plougoulm paraît consentir; il prend des mains d'un huissier les numéros indiqués par Me Odilon Barrot, parcourt rapidement quelques passages du prospectus et l'article dont il vient d'être question; puis, se ravisant tout à coup, il s'écrie:

Mais ce qu'on demande tend à établir un mauvais précédent ; il n'y aurait plus égalité entre l'accusation et la défense. En effet, un journal pourrait demander qu'on communiquât aux jurés un prospectus constitutionnel auquel il aurait été fort infidèle dans la suite ; il pourrait enfin présenter un choix d'articles. Je m'oppose formellement à la demande du défenseur... Notre but avait été simplement d'épargner au jury le temps et la peine d'une comparaison entre les deux journaux, faite sur des réminiscences seulement.

UN DES JURÉS. Mais je vous prie de penser que nous donnerons tout le temps nécessaire à l'examen de la cause....

M. PLOUGOULM, *vivement.* Nous ne pensons rien, et nous ne pouvons pas engager de conversation.

Me O. BARROT. Nous pourrions, à notre tour, nous opposer à la demande de M. l'avocat général ; mais nous persistons à accéder à sa proposition. (Mouvement favorable au banc des jurés.) Nous pouvons cependant demander à être jugés sur nos principes.

M. Plougoulm insiste de nouveau pour que le numéro du *Courrier Français* soit remis aux jurés.

La cour, malgré la demande formelle de M. Plougoulm, décide que l'on ne communiquera à MM. les jurés que le numéro saisi du journal *le Siècle.*

Le jury entre dans la salle des délibérations, avec la mission d'examiner si le gérant du journal *le Siècle* est coupable d'avoir fait remonter jusqu'au roi la responsabilité des actes du gouvernement.

Il en sort après vingt minutes, avec un verdict d'acquittement. (Applaudissements bientôt comprimés par respect pour la cour.)

Les plus vives félicitations des députés, des avocats, des hommes de lettres, qui avaient assisté aux débats, entourent Me Odilon Barrot.

La cour ordonne que les numéros saisis seront rendus.

La séance est levée à cinq heures.

EXTRAIT DU SIÈCLE DU 11 FÉVRIER 1837.

Le jury vient encore de donner une preuve de la haute raison qu'il porte dans l'appréciation des questions politiques. Il nous a fait sortir victorieux de la lutte engagée contre nous par le ministère public. *Le Siècle* a été acquitté aujourd'hui, après un débat solennel dans lequel il n'a rien eu à abandonner du terrain sur lequel il s'était franchement et consciencieusement posé. Et certes, cette victoire atteste bien en effet la force et l'intelligence du jury, la vanité des efforts du pouvoir pour paralyser son action constitutionnelle. Car aucun moyen n'a été négligé par le ministère public pour enlever au jury son caractère de représentant impartial et fidèle de tous les sentiments du pays; pour le réduire, s'il était possible! au rôle d'un instrument aveugle et complaisant; pour l'entraîner, sans force d'examen et de résistance, à la suite des passions ministérielles.

Croirait-on que dans une affaire de presse, pour le jugement d'une œuvre de réflexion et d'intelligence, le ministère public ait été surtout préoccupé du soin d'exclure du jury tous les citoyens dont la profession semblait une présomption de capacité? Sept avocats, soit à la cour de cassation, soit à la cour royale de Paris, figuraient sur la liste des trente-six jurés parmi lesquels devait être tiré au sort le jury appelé à nous juger. Tous les sept ont été récusés par le ministère public, qui a évincé de même deux autres citoyens suspectés sans doute, d'après les notes de la police, de raison éclairée et d'indépendance, qui a épuisé ainsi toute sa faculté d'épuration, bien que le gérant du *Siècle* eût, pour sa part, déclaré tout d'abord qu'il ne voulait pas user de son droit de récusation. Mais le ministère public n'a fait ainsi que montrer misérablement la faiblesse du parti au nom duquel il agissait. Il a perdu sa peine à l'établissement de ses catégories, injurieuses non pour ceux que marquait sa réprobation, mais pour ceux que son choix adoptait avec de si malheureuses espérances.

Nous avons bien fait au contraire d'avoir foi en notre bon droit et en tous les citoyens sans distinction, pour le reconnaître et le consacrer. Les jurés, objet d'une si étrange prédilection du ministère public, ont prouvé que l'intelligence des questions politiques les plus hautes et les plus graves n'appartient pas seulement aux professions libérales, et qu'il y a dans toutes les classes, chez tous les citoyens, un bon sens, une juste sagesse, un sentiment du droit, une honnêteté de conscience, une raison enfin et une indépendance qui les éclairent et les guident aussi sûrement que les lumières acquises par les études spéciales de quelques-uns, et tant redoutées par le pouvoir.

Et ce n'est pas pour nous personnellement que nous sommes reconnaissants, que nous sommes heureux et fiers du verdict d'acquittement prononcé par le jury. Ce que nous voyons, ce que nous respectons, ce que nous aimons surtout à proclamer dans cette éclatante manifestation de la raison publique, c'est une noble et certaine garantie pour le pays, qui doit de plus en plus apprendre à avoir foi, de son côté, dans des institutions qui savent ainsi le protéger contre des tentatives insensées; c'est le progrès des mœurs constitutionnelles attesté par la part qu'elles savent faire aux droits de chaque pouvoir constitué ; c'est la consécration des principes auxquels nous sommes loyalement dévoués ; c'est un encouragement à défendre ces principes avec énergie, mais aussi avec la mesure et la franchise constitutionnelles, qui sont également la loi de la mission libérale et patriotique que nous avons recherchée.

L'éloquent député, qui nous a prêté l'appui de son grand talent et de son éminente loyauté politique, avait bien compris, et nous l'en remercions, toute notre pensée, lorsqu'il s'est chargé de notre cause. Il savait bien que ce n'était pas de l'intérêt personnel du *Siècle* qu'il fallait s'occuper, mais que c'était à un dogme constitutionnel, fondamental, qu'il devait s'attacher inébranlablement. Aussi n'est-ce pas un plaidoyer d'acquittement, mais un plaidoyer de principes qu'il a fait entendre. Il n'a point cherché à atténuer l'article incriminé, pour l'excuser plus facilement. Il l'a expliqué, il l'a soutenu dans toute sa force. Il a parlé enfin comme il convenait à l'homme de courage et de conscience, au député chef de l'opposition parlementaire, venant s'exprimer au nom et pour le compte d'écrivains placés à l'avant-garde de son opinion, et pour lesquels il pouvait proclamer hautement toute sa sympathie politique. La victoire, ainsi obtenue et emportée de haute lutte, est belle et honorable.

En effet, la question ayant été posée nettement, hardiment, sans ambage, sans arrière-pensée, sans méticuleuses réserves, le jury savait bien ce qu'il avait à faire. Sa déclaration est nette et catégorique : elle exprime une opinion, une volonté réfléchies; elle a sous ce rapport une très-grande valeur. Nous avions constaté la situation politique qu'ont faite les ministres qui favorisent l'intervention personnelle du roi dans le gouvernement, et qui la proclament incessamment pour mettre leur propre responsabilité à couvert. Nous avions fait entendre sur les dangers de cette situation les avertissements de sincères amis de la monarchie constitutionnelle. Selon le ministère, ces dangers étaient chimériques, nos avertissements n'étant que les menaces d'une haine déguisée. Le verdict du jury qui nous acquitte déclare que ces dangers existent réellement, que nos avertissements sont utiles et sincères.

M. Plougoulm, nous le répétons, n'avait rien épargné pour obtenir une condamnation; il avait fait jouer tous les ressorts les plus capables d'agir sur des esprits méticuleux et peu éclairés, tels qu'il se flattait sans doute de les trouver en majorité dans le jury, après avoir usé si largement de son droit de récusation. Tantôt il soutenait que notre article était essentiellement différent de celui qu'il avait poursuivi un mois auparavant dans le *Courrier Français*, sans s'inquiéter à si cette époque il n'avait pas soutenu l'identité des deux articles incriminés pour démontrer la nécessité de les juger simultanément. Tantôt il s'appesantissait, avec les intentions les plus marquées dans le débit et dans le geste, sur les dangers sans nombre que pouvait entraîner un acquittement qui compromettait tout l'ordre social, sur l'évidente impossibilité de cet acquittement en présence d'un délit aussi nettement caractérisé que celui que nous avions commis. Enfin, comme dernière ressource oratoire, il envoquait de son cachot Meunier, le régicide Meunier lui-même, dont il n'hésitait pas à se constituer l'organe pour déclarer en son nom que notre article absolvait, glorifiait le plus exécrable attentat. Cette prosopopée de haut goût n'a eu d'autre résultat et d'autre mérite que d'inspirer à notre illustre défenseur d'admirables mouvements d'éloquence.

M. Odilon Barrot n'a eu besoin pour en faire justice que de lire au jury les articles de notre feuille exprimant, du point de vue même des doctrines accusées avec tant d'acrimonie, la flétrissure la plus énergique du crime le plus odieux. Il nous est impossible, même dans la fidélité approximative de notre compte-rendu, de faire revivre la puissance entraînante de la réplique de M. Odilon Barrot. Sa première plaidoierie avait posé, d'abord avec l'article du *Siècle*, le principe salutaire qu'il y a danger sérieux pour la royauté à apparaître personnellement dans la direction des affaires publiques. Sa réplique a mis en lumière avec un grand éclat et avec une incontestable évidence et ce danger, et les ressources que notre constitution offre pour les prévenir. Soit que M. Odilon Barrot repoussât avec indignation d'odieuses calomnies contre un journal dont il pouvait proclamer la sinsérité dans ses convictions monarchiques; soit qu'il expliquât l'œuvre laborieuse de l'opposition constitutionnelle, et montrât au pays les moyens d'arriver à la vérité du gouvernement représentatif; soit qu'il luttât comme défenseur contre le ministère public; soit qu'il se plaçât au point de vue élevé d'orateur politique, sa parole a été sans cesse puissante de force et de raison, ardente, rapide, colorée, pleine d'inspirations chaleureuses et de la véhémence des sentiments qu'avait soulevés en lui l'exagération ridicule de l'accusation. Ce discours de M. Odilon Barrot est un grand enseignement politique pour le pays. Nous espérons qu'il portera ses fruits.

Cependant M. le président de la cour a pu arrêter une fois notre honorable défenseur, en lui disant qu'il *n'était là qu'avocat*. M. le président se trompait étrangement: ce n'était point par métier d'avocat, c'était par devoir d'homme politique que M. OCilon Barrot était venu défendre un grand principe constitutionnel. C'était le chef de l'opposition parlementaire qui était venu poursuivre là devant le jury, comme à la tribune, son noble apostolat politique.

Grâce au ciel, encore aujourd'hui, sa parole a été féconde; cette parole si grave, qui a déjà fait briser par la Cour de Cassation les tribunaux exceptionnels, qui a souvent remporté à la chambre des députés des victoires utiles à la liberté, a conquis en nous défendant la sanction d'un principe essentiel et d'un large droit de discussion. Il est désormais acquis que le droit public du pays, que l'esprit de la constitution sont faussés quand les ministres laissent le pouvoir royal se substituer à leur action; que le sentiment public voit avec douleur cette honteuse faiblesse des ministres, qui rend impossible la réalité du gouvernement représentatif; que cet état anormal est soumis de droit à la discussion publique, et que c'est un devoir pour tous de le combattre tant qu'il existe. Le jury, en un mot, a voulu répéter aujourd'hui cette maxime salutaire, que *le roi règne et ne gouverne pas*. Il faut maintenant que le pays, que le concours de tous les pouvoirs, de tous les citoyens, sachent donner à cette maxime assez de force pour l'imposer à ceux-là mêmes qui la nient, et pour les sauver des dangers où ils se précipiteraient, à l'exemple de la dynastie dont le chef a payé de l'exil sa prétention d'être plus qu'un roi constitutionnel.

EXTRAITS

DES ARTICLES PUBLIÉS PAR LES JOURNAUX DE PARIS SUR L'ACQUITTEMENT DU *SIÈCLE*.

LE COURRIER FRANÇAIS.

« Quand le *Courrier français* fut acquitté, il y a un mois, sur la même prévention qui amenait aujourd'hui le gérant du *Siècle* devant la Cour d'Assises, le ministère chercha à se consoler en disant qu'il n'y avait pas de jurisprudence pour le jury ; que tel principe reconnu aujourd'hui innocent pouvait demain être condamné comme coupable ; qu'un journal acquitté une fois, deux fois même, pouvait être condamné la troisième. Voilà deux fois que le ministère échoue dans ses poursuites ; il lui reste à tenter la troisième, s'il n'est pas rebuté par ces deux échecs.

« Si le jury eût condamné le *Siècle* après avoir acquitté le *Courrier Français*, on n'eût pas manqué de se récrier sur l'inconséquence, sur l'ineptie de ces *juges improvisés*, qui, n'ayant reçu aucun enseignement politique de l'*état*, sont incapables de prononcer sur autre chose que sur des faits matériels. Maintenant qu'ils ont rendu deux arrêts semblables, il faudra les envelopper dans la proscription qu'a encourue le jury de Strasbourg; car le crime d'acquittement est aussi abominable quand il s'agit de délits de la presse que lorsqu'il s'agit de délits militaires. Nous allons nécessairement voir reproduire la proposition de faire de la pairie *la cour prévotale de la presse*, ainsi que l'a dit M. Royer-Collard.

« On ne peut pas se dispenser de changer une loi dont les législateurs de septembre n'ont pas senti tout le danger; car voilà deux acquittements successifs de journaux; il n'en a fallu qu'un prononcé en faveur de militaires pour faire proposer le projet de disjonction. Une loi nouvelle pour chaque fait qui contrarie le ministère, tel est le régime auquel on met la France. »

LE JOURNAL DU COMMERCE.

« Le *Siècle* vient d'être acquitté ! Voilà encore une déclaration du jury dont le ministère ne manquera pas de se plaindre. De quoi s'agissait-il, en effet? de savoir s'il sera permis aux ministres de se réfugier sans cesse derrière le nom du roi, de se couvrir de son autorité comme d'une égide, et d'entraîner ainsi à leur suite une foule d'hommes timides et consciencieux. C'est là cependant tout le secret du cabinet. Il n'a pas lui-même la majorité ni dans le pays, ni dans les chambres; il se conserve parce qu'il se présente comme une émanation de la volonté royale. A l'entendre, tous ses actes, tous ses projets de loi sont l'ouvrage d'une haute pensée. Il le dit et le fait écrire par ses journaux, et parvient ainsi, il est vrai, à se conserver au pouvoir; mais dans son funeste égoïsme il ne s'aperçoit pas qu'il nous entraîne dans la carrière des révolutions.

« Le jury parisien vient une seconde fois de réprouver ce système. Que fera le ministère? va-t-il demander de nouvelles lois? Non, sans doute: il n'oserait; il aura assez de peine à ne pas succomber sous le rejet probable de celles qu'il a déjà demandées. Mais tirera-t-il un enseignement quelconque de ces déclarations qui se répètent? pas davantage. Demandez à M. Guizot ce que c'est que le verdict d'un jury; il vous répondra, s'il s'agit d'une discussion de simple théorie, que c'est non seulement la déclaration d'un fait, mais que c'est aussi un indice puissant de l'opinion publique. L'opinion publique se manifeste dans les gouvernements libres par plusieurs organes. Le jury, dans les questions politiques, est un des plus puissants. Il dit ce que la société pense de la marche du pouvoir. Ces principes, M. Guizot, se garderait de les méconnaître; mais pressez-le de les appliquer, montrez-lui le jury blâmant son administration et s'efforçant de le rappeler aux notions les plus simples du gouvernement constitutionnel; M. Guizot ne vous écoutera plus, ou, s'il vous écoute, il vous répondra par quelques maximes générales qui n'auront aucun rapport à la question. Toute sa volonté est de rester au pouvoir, et il a déclaré à l'avance qu'il n'entendait rien de ce qui pourrait le contraindre à abdiquer le pouvoir.

« Ce nouveau verdict du jury révèle cependant un état grave dans la société; elle commence à s'émouvoir de ce qui se passe sous ses yeux, et ne tardera pas à comprendre qu'un changement de système est indispensable, si on ne veut pas voir s'ouvrir devant la France de nouveaux abîmes.

« M. Barrot a développé avec son talent ordinaire, les vrais principes du droit constitutionnel : il a obtenu un beau triomphe, et les amis du pays doivent l en féliciter.

LE TEMPS.

« Après l'acquittement du *Courrier Français*, celui du *Siècle* n'a de quoi surprendre personne. En tout ceci, une seule chose doit étonner, c'est la persévérance que le ministère public met à continuer de telles poursuites.

LE MESSAGER.

« L'acquittement du *Siècle* a, sous plus d'un rapport, une haute importance politique. En faisant un procès à deux journaux, sous la seule inculpation d'avoir exposé les périlleuses conséquences de l'intervention avouée du roi dans le gouvernement, la prétention du parquet était de renfermer la discussion écrite dans des limites encore plus étroites que celles qui lui étaient marquées par la législation de septembre. La loi de septembre ne reconnaissait de délit contre l'inviolabilité royale que là où il y avait offense ou blâme directement adressés à la personne du roi.

« Or, dans les articles incriminés il n'y avait ni offense, ni blâme; il ne se trouvait dans l'article du *Siècle* qu'une discussion énergique, mais constitutionnelle, sur l'action personnelle du pouvoir irresponsable; et ce qui pouvait contenir le blâme ne s'adressait qu'aux orateurs, aux écrivains, aux courtisans ministériels, qui, par la plus funeste de toutes les adulations, se plaisaient à attribuer au roi l'initiative du système politique....

«.... Grâce au jury, le champ de la discussion ne sera pas encore une fois rétréci. Il faut espérer en effet qu'après la double leçon qu'il a reçue dans l'affaire du *Courrier Français* et dans celle du *Siècle*, le parquet s'abstiendra désormais d'appeler de nouveau cette espèce de débat constitutionnel sur le banc de la Cour d'Assises. Voilà déjà un résultat fort important.

« Une autre considération qui doit frapper le pouvoir et le pays, c'est que le verdict d'hier vient s'ajouter à d'autres verdicts d'acquittement dont l'ensemble atteste une divergence croissante entre la marche du ministère et celle de l'opinion publique.....

« .... Personne ne convenait mieux à la défense du *Siècle* que M. Odilon Barrot. M. Odilon Barrot n'a pas cherché à atténuer le prétendu délit imputé à son client par une mauvaise chicane de mots. M. Odilon Barrot a pénétré au cœur de la question : il l'a traitée avec toute la hauteur de son talent, et avec cette connaissance des faits qui est le propre d'un homme politique, c'est-à-dire qu'il s'est approprié, en quelque sorte, la thèse du *Siècle*, qu'il en a corroboré les preuves par des preuves authentiques et officielles.... »

La *Gazette de France* fait remarquer que le jury, en acquittant *le Courrier Français* et *le Siècle*, s'est montré deux fois en opposition avec les doctrinaires, et s'est rangé du côté de la minorité de la chambre. Après avoir parlé des récusations exercées par M. Plougoulm contre les avocats qui faisaient partie du jury, *la Gazette* ajoute :

« C'est une chose digne de remarque que, dans le jury comme à la chambre, et comme dans les journaux ministériels, le gouvernement de juillet se sépare avec éclat des avocats et des capacités. Le système doctrinaire étend partout ses exclusions.

L'*Echo Français* après avoir rendu hommage au vigoureux plaidoyer de M. Odilon Barrot, dit que cette fois encore le jury, qui a acquitté *le Siècle*, a condamné le ministère et ses doctrines : doctrines qui l'accusent d'être un instrument vieilli et usé.

L'acquittement du *Siècle* a été célébré dans un banquet donné à M. Odilon Barrot, et auquel assistaient un certain nombre de députés et des écrivains de l'opposition.

L'union la plus cordiale a présidé à cette patriotique réunion.

Les toasts suivants ont été portés :

Par M. H. Guillemot, rédacteur en chef du *Siècle* : A M. Odilon Barrot !

M. Odilon Barrot, dans une réponse que nous regrettons de ne pas pouvoir reproduire, a remercié, au nom du pays, les hommes de la presse qui ne renient pas l'héritage de 1789 et de 1830, qui restent fidèles aux traditions libérales de ce glorieux passé. Il a fortement insisté sur la nécessité de l'union de la presse et de la tribune, et s'est félicité de voir cette union établie d'une manière consciencieuse et durable entre *le Siècle* et l'opposition parlementaire empressée d'applaudir au triomphe d'un grand principe constitutionnel, et à l'acquittement du journal qui avait énergiquement soutenu ce principe.

Par M. Cauchois-Lemaire, rédacteur du *Siècle* : A la probité politique !

Par M. Sidney Renouf, rédacteur du *Siècle* : Aux députés de l'opposition constitutionnelle !

Par M. Desabes, député de l'Aisne : Au succès toujours croissant du Siècle, qui a commencé une réforme si importante dans la presse périodique, et qui, en abaissant autant que possible le prix d'abonnement, a voulu répandre dans toutes les classes d'utiles et graves enseignements politiques !

www.ingramcontent.com/pod-product-compliance
Ingram Content Group UK Ltd.
Pitfield, Milton Keynes, MK11 3LW, UK
UKHW021143230726
13926UKWH00002B/902

9 782014 057256